운동화에 담긴
뉴발란스 이야기

운동화에 담긴
뉴발란스 이야기

발행일	2014년 5월 10일 초판 1쇄 발행
지은이	박진영
발행인	방득일
편 집	신윤철
디자인	강수경
마케팅	김지훈

발행처	빠른거북이
주 소	서울시 중구 묵정동 31-2 2층
전 화	02-2269-0425
팩 스	02-2269-0426
e-mail	nurio1@naver.com

ISBN 978-89-97206-18-6 13320

※ 책값은 뒤표지에 있습니다.
※ 잘못된 책은 구입처에서 교환하여 드립니다.
※ 이 책은 저작권법에 의하여 보호를 받는 저작물이므로 무단 전재와 무단 복제를 금합니다.

운동화에 담긴
뉴발란스 이야기

박진영 지음

프롤로그

운동화 그 이상을
창조하는 매력적인 기업,
뉴발란스

멋진 사람이 되기는 쉬워도 매력적인 사람이 되기는 어렵다는 게 평소의 생각이다. 매력적인 사람이 가지는 절대적인 힘에 대해서는 거의 이견의 여지가 없을 듯하다. 세계 곳곳에서 여러 언어로 출간된 수많은 자기 계발 책들조차 자기만의 매력을 가진 사람이 되라고 강조하지 않는가. 말 그대로 매력에는 국경이 없는 모양이다.

매력(魅力)이란 한자 그대로를 풀이해보면 홀리는 힘, 미혹하는 힘이다. 참으로 쉽지 않은 일이다. 게다가 '매력'이란 말 자체가 또한 매력적이다. '예쁘다' 혹은 '잘생겼다', '멋지다'라는 평가보다는 '매력적'이라는 평가가 더 큰 호기심을 불러일으킨다. "왜? 어떤 면에서?" 부연 설명이 필요해지는 순간이다.

  매력을 느끼는 지점은 지극히 주관적이겠지만, 그 안에는 적어도 몇 가지의 공통분모가 있다. 나는 그 공통분모를 '진심'이라고 생각한다. 그럴싸하게 포장된 사람을 매력적이라고 느낄 수 있을까. 설령 포장이더라도 상대가 그것을 진심으로 받아들여야 매력적이라고 느껴진다.

어느 매력적인 기업의 이야기

  지금부터 매력적인 한 기업에 대한 이야기를 하려 한다. 기업은 종종 인격체에 비유된다. 한 예로 '기업 시민'Corporate

Citizenship이라는 용어가 있다. 기업 또한 시민으로서 사회적 윤리적 책임을 져야 한다는 인식에서 비롯된 용어다. 그러니 우리가 어떤 사람에게서 매력을 느끼듯 기업에게도 매력을 느낄 수 있다.

물론 기업을 '매력적'이라고 평가하는 건 일반적이진 않다. 이런 수식어를 가장 많이 붙이는 사람들은 증권사 애널리스트들이다. 수익적 측면에서 투자가치가 있을 때 그 기업을 매력적이라고 말한다. 고백컨대 필자 역시 그간에는 기업이 갖는 매력을 경제적 잣대로 평가하거나 다른 매력을 찾기 위해서라도 그 기준을 먼저 살폈다.

그런 면에서 뉴발란스New Balance는 필자에게 일종의 전환을 안겨준 기업이다. 아니, 경제적 잣대만 들이대도 사실 뉴발란스는 이미 매력적이라고 말할 수 있다. 전 세계 120여 개국이 공유하는 글로벌 스포츠 기업으로 해마다 점진적으로 성장하고 있는 기업이 아닌가. 게다가, '스티브 잡스 신발', '오바마 운동화' 등 세계적인 거물들이 뉴발란스 제품을 애용하는 등 브랜드력에 대한 신뢰도도 높다.

하지만 여기까지는 뉴발란스에 대한 일반론이며, 이것들의 비중은 사실 뉴발란스 전체 스토리의 10%도 되지 않는다. 단언컨대 뉴발란스 운동화에는 경제적 가치뿐만 아니라 혁신과 테크놀러지, 꿈과 철학, 사람과 세상을 향한 따뜻한 시선과 애정이 담겨 있기 때문이다. 게다가 이 모두를 추구해온 역사가 108년이라니 더 놀랍지 않을 수 없다.

108년 동안 가치와 철학을 지켜낸 기업

실로 뉴발란스가 더욱 매력적으로 다가오는 것은 그 '세월의 힘' 때문이다. 뉴발란스는 1906년, '선천적 장애가 있든 후천적 불편이 있든, 모든 발에 편안함을 위해' 탄생했다. 정형학적인 제작 방식을 동원해 발 치료와 처방의 성격을 띤 뉴발란스 아치 서포트를 시작으로, 운동화, 러닝화를 비롯한 수많은 제품 라인이 더해지며 108년을 살아왔다.

놀라운 것은 그 오랜 기간 소비자들의 삶을 풍요롭게 하고 세상을 더 나은 곳으로 바꾸겠다는 가치를 한 번도 내려놓은 적이 없다는 것이다. 오히려 현 회장인 짐 데이비스[Jim Davis, 본명은 James S. Davis]에 이르기까지 오너가 3번 바뀌는 동안 그 가치는 더 공고해지고 더 확대되었다. 뉴발란스의 성공에는 단언컨대 바로 이 가치와 철학이 큰 몫을 했다.

1등이 아니어도 좋다

　물론 뉴발란스는 전 세계 시장에서 1등은 아니다. 그럼에도 1등에 연연하지 않는다. 자신들이 지켜온 가치와 정신이 지난 108년 역사를 가능하게 했고 앞으로도 그럴 것이라는 사실을 알고 있기 때문이다. 따라서 시장에서 1등은 아닐지라도 어떤 기업도 따라올 수 없는 독보적인 존재감을 자랑한다. 지난 2006년 기업 탄생 100주년 당시 짐 데이비스가 언급한 'The NB Way'도 이것을 잘 보여준다. 그가 "단순히 이윤을 남기는 성장은 우리의 목표가 아니다. 오직 품질과 진실성에 있어 타협하지 않은 채 이윤을 남기는 성장만이 우리의 목표이다.", "우리의 목표는 가장 큰 회사가 되는 것이 아니라, 최고의 기업이 되는 것이다."라고 말할 수 있는 자신감도 뉴발란스이기에 가능한 것이다.

　사실 뉴발란스는 경쟁 기업인 나이키나 아디다스에 비해 시장의 주목을 크게 받지 못한 기업이다. 더 높은 시장 점유율과 매출을 목표로 하지도 않았고, 화려한 포장도 하지 않는 실로 '이상한 기업'이었다. 심지어 자신들이 한 기특한 일조차 알리려 들지 않았다. 오죽하면 2년 전 내놓은 '책임적 리더십 보고서'에는 "우리는 수년간 책임적 리더십을 열정적으로 수행해왔지만 외부로 알리지는 않았다"고 자평하고 있을 정도이다.

그러나 이 또한 'The NB Way'의 일부다. 뉴발란스는 오직 제품 혁신과 고품질로만 정당한 평가를 받을 수 있다고 믿는다.

뉴발란스가 추구하는 '뉴발란스의 길'

실로 뉴발란스는 좋은 제품을 만들어야 한다는 가치를 최우선에 두어왔다. 나이키, 아디다스와 같은 경쟁사들이 빅모델을 기용해 매출을 올리고 시장 점유율을 높여갈 때도 '제품이 좋으면 소비자들이 알아볼 것'이라는 고집을 꺾지 않고 오히려 연구개발에 투자했다. 뉴발란스의 상징이 된 가로 사이즈도 바로 그런 연구개발의 결과물이다. 또 하나 주목해야 할 점은 출시 후 입소문을 타고 폭발적인 반응을 불러온 이 가로 사이즈 체계가 결국은 뉴발란스가 추구하는 혁신과 '사람 중심'의 가치를 대표적으로 보여주고 있다는 점이다.

뉴발란스의 또 하나의 매력 포인트가 바로 여기에 있다. 뉴발란스가 강조해온 좋은 제품이 가진 최대의 힘은 결국

'사람을 행복하게 만드는 것'에 있다. 뉴발란스를 신고 있는 소비자들, 앞으로 신게 될 잠재적 소비자들, 뿐만 아니라 이 제품들을 만들고 판매하는 이들, 나아가 뉴발란스가 속한 지역사회의 시민들까지 뉴발란스와 관계된 모든 사람들에게 좋은 에너지를 퍼뜨린다. 좋은 제품으로 소비자들을 기쁘게 할 뿐 아니라, 제품을 만들고 판매하는 사람들까지 행복해야 한다는 취지하에 그들의 라이프스타일까지 지원한다. 그뿐인가. 자신들이 속한 지역사회에 감사하는 마음으로 늘 무엇을 돌려줄 것인가를 고민하는 기업, 그게 바로 뉴발란스다.

뉴발란스의 이름은 알아도, 이런 속내를 아는 이는 드물다. 필자 역시 이 책을 쓰면서 여러 번 놀랐다. 세상에 성공한 기업도 많고 위대한 기업도 많지만, 뉴발란스는 성공이나 위대함 같은 일반적인 평가의 기준을 넘어서 있었다. '이런 기업이 있어서 고맙고 다행'이라는 생각이 들었다. 이 감동적인 내용을 여러분과 공유할 수 있게 되어 영광으로 생각한다.

여기서 다시 한 번, 이 책에서 펼쳐지는 뉴발란스의 이야기는 비단 한 기업의 성공 스토리가 아니라 한 매력적인 기업의 '인격'에 관한 것임을 밝혀두는 바이다.

마지막으로 이 책에 언급된 뉴발란스의 역사와 관계된 내용은 『Enduring Performance the new balance story』, 「The Responsible Leadership Report 2012」, 뉴발란스 공식 홈페이지 www.newbalance.com 그리고 국내외 각종 언론 보도 등을 참고로 하였음을 밝힌다.

차례

프롤로그 ● 4

1장 왜 뉴발란스인가?

뉴발란스의 시계는 정직하다 / 16
사람에 대한 투자, '엑셀런스' / 22
이미지가 아닌 제품을 판다 / 29
평범한 사람의 독백, 대중의 마음을 사로잡다 / 36
마라톤과 함께 발전한 브랜드 이미지 / 41

2장 뉴발란스와 사람

짐 데이비스, 회사를 인수하다 / 52
소매상 딜러들도 뉴발란스의 가족이다 / 63
직원의 성장을 돕는 학습 프로그램 / 71
장기 근속자와 혁신 제품의 관계 / 81
달리는 사람들을 위한 글로벌 기업 / 90
우리의 목표는 최고가 아닌 최선이다 / 101

3장 신뢰와 신념의 뉴발란스 제품

뉴발란스 아치 : 닭의 발톱에서 '균형'을 발견하다 / 114
혁신적인 제품은 일상에 답이 있다 / 119
소비자의 삶을 바꾼 피트폼시스템fit-Form System과 가로사이즈 / 125

전설이라 불리는 신발 N320 / 133
뉴발란스의 가장 큰 경쟁력은 좋은 제품이 가진 힘 / 140
사람과 기술이라는 두 마리 토끼 / 151
미국의, 미국에 의한 뉴발란스 / 157
직원들과의 약속, 'Made in USA'를 지속시키다 / 167
미국에서 좋은 신발을 만들 수 있다면 / 174
신발학교Shoe School 프로그램 / 182

4장 향상을 넘어 새로움을 위한 뉴발란스의 마케팅

위기일수록 연구개발에 집중하라 / 188
대공황 속 틈새시장 공략 / 194
위대한 회사를 만든 어떤 순간, 트랙스터 / 199
뉴발란스는 빅모델을 기용하지 않는다 / 211
뉴발란스 코리아의 고객 맞춤 마케팅 전략 / 218
가장 본질적인 마케팅은 가장 좋은 제품을 만드는 것 / 224

5장 인간과 사회를 위한 책임

세상을 바꾸는 동행 / 232
다 함께 세상을 움직이자 / 237
뉴발란스재단, 지속 가능한 후원의 시작점 / 241
유방암에 맞서 싸우는 여성들을 위한 후원 / 251
직원 21%가 참여하는 자발적인 봉사 활동 / 256
뉴잉글랜드 지역경제에 대한 공헌 / 262
친환경을 넘어 환경을 되살리는 기업 / 268

에필로그 ● 280

new balance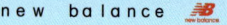

1장

왜 뉴발란스인가?

뉴발란스의
시계는 정직하다

얼마 전 한 매체에 '100년 장수 기업'에 대한 기사를 쓴 적이 있다. 장수 기업이 흔한 일본과 유럽이 아닌, 우리 국내에서 100년 역사의 장수 기업을 찾아 이들의 특별한 점을 살펴보자는 기획이었다. 그러나 취재를 진행한 지 얼마 안 가 100년이라는 물리적 시간 자체가 큰 제약이라는 점을 깨달았다. 산업화 역사가 지극히 짧은 이 땅에서 100년을 넘긴 기업을 찾기가 쉽지 않았던 것이다.

그럼에도 몇몇 기업들을 선정해 취재를 진행하면서, 시간은 그냥 흘러가는 것이 아니라는 점을 새삼 깨달았다. 오래 살아남았다고 다 훌륭한 건 아니겠지만, 적어도 100년이라는 상징에는 그만한 가치가 있었다. 어떤 기업이 한 세기 이상 존재한다는 건 결코 운이나 재력만으로 가능한 일이 아니기 때문이다.

왜 뉴발란스인가

이것이 '왜 뉴발란스인가'라는 질문에 대한 첫 번째 답이다. 알려져 있다시피 뉴발란스^{New Balance}는 글로벌 스포츠 기업 중에 유일하게 100년 이상의 역사를 지닌 기업이다. 나이키의 전신인 블루리본스포츠^{Blue Ribbon Sports}는 1964년에 설립되었고, 아디다스 또한 뉴발란스보다 늦은 1948년에 출범했다. 아디다스의 경우 백번 양보해 그 전신인 다슬러^{Dassler} 형제의 가내수공업이 시작된 시점까지 살핀다 해도 설립연도가 1920년이니 뉴발란스보다 늦다.

리복의 경우는 좀 다르다. 창립연도가 1895년으로 시점상 뉴발란스보다 앞서 있긴 하지만 2005년 44억 달러에 아디다스에 합병된 만큼, 현존하는 스포츠 브랜드 기업 중에 100년을 넘는 기업은 뉴발란스뿐이다.

물론 역사와 시간이 기업을 평가하는 절대 가치가 될 수 있는 것도 아니고, 현재의 영광이 미래를 보장해주는 것도 아니다. 『위대한 기업은 다 어디로 갔을까』를 쓴 짐 콜린스^{Jim Collins}의 말처럼 위대한 기업도 언제든 몰락할 수 있다.

그러나 아이러니하게도, 이것이 뉴발란스에 주목해야 할 또 하나의 이유다. 뉴발란스가 기업의 가치를 영속시키기 위해 미션과 비전 창조에 고군분투한 흔적을 볼 수 있기 때문이다.

미션이란 무엇인가?

『마켓 3.0』에서 필립 코틀러^{Philip Kotler} 박사는 다음과 같이 말한다. "미션은 어떠한 경우라도 바뀌거나 흔들릴 수 없는 기업의 철학"이며 "'미션'이란 회사가 존재해야 할 이유이자 기업의 궁극적인 목적을 반영"하고 "회사의 지속가능성을 결정"한다. 피터 드러커^{Peter F.Drucker} 역시 『클래식 드러커』라는 자신의 저서에서 "모든 비즈니스는 반드시 위대한 미션으로부터 출발해야 한다"고 단언한 바 있다.

그렇다면 비전은 무엇인가? 비전 또한 미션과 같은 선상에 있다. 비전의 뜻은 "비전은 '기업이 꿈꾸는 미래'를 형상화한 청사진이다. …… 비전은 기업이 앞으로 가야 할 미래로서, 나침반과도 같다"고 한 코틀러 박사의 말에서 대강의 그림을 그려볼 수 있다.

뉴발란스는 이 미션과 비전의 가치 면에서 가장 '좋은 예'가 될 수 있다. 뉴발란스는 '새로운 균형'이라는 파격적인 이름과 함께 지난 100년간 철저히 자신들의 가치를 지키며 건강한 삶, 건강한 세상을 위한 에너지를 전파하는 데 힘을 쏟아왔다. 이는 뉴발란스의 미션과 비전에 굳건한 진취성이 없었다면 불가능한 일이었을 것이다.

더 놀라운 점은 이 모든 것이 지극히 뉴발란스만의 방식, 이들만의 스타일대로 이뤄졌다는 점이다. 차츰 깨닫게 된 사실이지만, 이 대단히 매력적인 기업이 그 품질력 면에서 비교적 늦게 주목을 받게 된 이유도 어쩌면 그 '스타일' 때문이 아닐까 하는 생각이 들었다. 마치 '다른 무엇보다 연기로 인정받겠다'고 고집하는 배우 같다고나 할까.

그러나 경쟁적인 시장 상황에서 화려한 치장이 아닌 제품 자체로 승부하겠다는 기본 가치를 지켜내는 일은 결코 쉽지 않다. 치열하다 못해 전쟁터와도 같은 비즈니스 세계에서 정직과 신용이라는 가치를 최우선에 두고 자기 가치를 지켜낸다는 건 웬만한 믿음 없이는 불가능한 일이기 때문이다.

이 점에서 뉴발란스는 지난 108년간 오직 기본을 바탕으로 성장해왔다는 자체만으로도 박수를 받을 자격이 있다. 톰 피터스 Tom Peters 역시 『리틀 빅 씽』 The Little Big Things 서문에서 급변하는 기업 경영 환경에서 오히려 중요한 건 '기본에 충실한 것'이라고 역설한 바 있지 않은가.

100년이라는 나이테

나아가 이들의 끊임없는 기본기 다지기에는 경영자들의 역할도 컸다. 위에서 말한 '뉴발란스 스타일'이란 기업 자체뿐만 아니라 '뉴발란스 사람들'에게도 그대로 적용된다. 특히 뉴발란스 창립 100주년을 맞이한 해, 경영자 짐 데이비스가 남긴 말은 아주 인상적이다.

그는 이 무렵 뉴발란스가 세계 4대 스포츠 브랜드 대열에 들어서고 세계적으로 수많은 마니아들이 '신뢰'와 '찬사'를 보내고 있는데도, "우리는 우리 스스로 나팔을 불기는 싫다"며 자화자찬을 거부했다.

더불어 "우리가 어디서 왔는지 부디 잊어버리지 않기를 바란다"며 임직원 및 동료들에게 기업 탄생의 의미와 뜻을 지켜줄 것을 당부했는데, 이 대목에서는 역시 뉴발란스 브랜드에 대한 믿음을 엿볼 수 있다. 독특한 스타일을 고수하며 오랜 역사를 기록해온 이 기업에게 지난 100년의 시간은 누구도 따라올 수 없는 '내공', 세월만이 가져다줄 수 있는 정직한 나이테인 셈이다.

사람에 대한 투자, '엑셀런스'

짐 데이비스 회장은 창업 100주년 기념집에서 모든 영광을 임직원들에게 돌린 바 있다. 뉴발란스의 100년 역사는 이곳에서 일한 이들의 역사이며, 이들이야말로 뉴발란스를 지속 가능하게 한 힘이라는 것이다.

언뜻 경영자들이 입에 달고 사는 그저 그런 이야기처럼 보이지만, 뉴발란스 경영자의 입에서 나온 말이라면 결코 '의례적'이라고 할 수 없다. 이 발언 자체가 뉴발란스가 100년 넘게 지켜온 철학과 가치를 잘 요약하고 있기 때문이다.

데이비스 회장에게 '사람'은 1972년 뉴발란스를 이끌게 된 이후부터 줄곧 그의 경영 철학을 관통해온 핵심 가치였다. 『자라 성공 스토리』에 언급된 자라^{ZARA} 창업자 아만시오 오르테가^{Amancio Ortega}와 마찬가지로, 짐 데이비스 역시 자기 주위로 최고만을 끌어들이는 강력한 자석과 같다는 평가를 받고 있다.

사람이라는 핵심 가치

자라의 새로운 CEO인 파블로 이슬라는 "사람들의 가치를 알아보는 일이 가장 중요하다"고 강조한 바 있다. 그의 이 같은 철학은 자라의 창업자 아만시오 오르테가에게 "자연스럽게 물들어 버린" 결과로 보이는데, 아닌 게 아니라 오르테가가 파블로 이슬라를 두고 '하늘에서 온 축복'이라고 했다는 이야기가 있을 정도로 이슬라의 사람 보는 눈이 아주 탁월했던 듯하다. 인터뷰에서 파블로 이슬라는 다음과 같이 말하고 있다.

"항상 회사에 머무는 거장을 처음부터 면밀히 관찰했고, 마케팅과 제품 부서의 이야기를 듣고 살피면서 그들 가까이서 호흡했습니다. …… 우리 회사의 철학과 목적은 노력이 만든 것에 대한 적절한 보상을 하는 것이며 …… 돈보다 더 중요한 것은 개인이 회사와 함께 커갈 수 있는 좋은 기회인 내부 승진 제도입니다."

　파블로 이슬라의 발언은 뉴발란스가 실천해온 내용과도 정확히 맞아 떨어진다. 짐 데이비스는 고용주와 피고용자의 관계를 떠나 모두가 함께 기업의 가치와 비전을 공유하는 동반 성장 관계를 채택했다.
　여기에는 고용된 이들을 바라보는 그의 남다른 시선이 작용한다. 앞선 고백처럼 그는 뉴발란스의 성공과 지속가능성이 전적으로 직원들과 파트너들의 손에 달려있다고 믿었는데, 위대한 기업들이 하나같이 '사람 먼저'를 내세웠다는 점을 떠올려보면 그의 생각은 절대적으로 옳았던 셈이다.
　여기서 우리는 짐 콜린스가 그의 저서 『좋은 기업을 넘어 위대한 기업으로』에서, 위대한 기업의 리더들은 '사람 먼저'라는 단순하지만 실행하기 어려운 진리를 이해하고 실천한 사람들이라고는 설명한 것을 떠올려볼 필요가 있다. 그는 이 책에서 위대한 회사를 만든 경영자에 대해 다음과 같이 말하고 있다.

"좋은 회사에서 위대한 회사로의 전환에 불을 붙인 경영자들은 버스를 어디로 몰고 갈지 먼저 생각하고 난 다음에 버스에 사람들을 태우지 않았다. 반대로 버스에다 적합한 사람들을 먼저 태우고(부적합한 사람들은 버스에서 내리게 하고) 난 다음에 버스를 어디로 몰고 갈지 생각했다."

집주인 리더십을 배워라

직원 여섯 명에 불과하던 회사를 인수해 지금의 뉴발란스로 키운 짐 데이비스 역시, 회사를 인수한 뒤 가장 먼저 한 일이 사람들을 '뉴발란스라는 버스'에 태우는 것이었다. 그는 톰 피터스의 표현처럼 '직원들을 접대하는' 경영자였다. 톰 피터스는 『리틀 빅 씽』에서 '집주인 리더십'에 대해 다음과 같이 설명한다.

"만일 리더가 열정적으로 직원들을 대접한다면 직원들 역시 손님과 고객에게 똑같이 열정적으로 대할 가능성이 높아지게 된다. 집주인 리더십을 발휘하려면 리더는 정직과 진정성을 갖추어야 한다. 사람들은 자신이 대접받고 환영받는다고 느끼게 될 때 참여와 헌신을 하게 된다. 따라서 리더는 다른 사람을 섬기고 대접하는 것에서 기쁨을 누릴 수 있어야 한다. 결국 가치 있는 목표를 추구하는 데 구성원의 자발적인 참여를 이끌어내고 싶다면 직원을 대접하라."

짐 데이비스의 리더십은 직원을 대하는 태도, 물질적이고 심리적 투자에 이르기까지 집주인 리더십을 적극 실천한 사례로 볼 수 있다. 다양한 지원과 교육 프로그램을 개발해 직원들 스스로 성장하면서 기업과 함께 나아갈 수 있도록 했으며, 안전하고 건강한 노동 환경을 위한 도의적, 법적 책임과 의무를 다하기 위해 노력했다. 게다가 이 과정에서 실질적인 효과를 높이기 위해 직원들을 적극 참여시킨 사례 또한 눈에 띈다. 기업들이 실시하는 대부분의 프로그램들이 경영진으로부터 내려온 관념적 혹은 추상적인 지시라는 점에서 현장에 있는 노동자들이 직접 목소리를 낼 수 있도록 한 점은 가히 선구적이었다고 볼 수 있다.

비단 업무적 환경에 대한 지원뿐만이 아니다. 그는 직원 스스로 즐겁고 행복해야 업무에 전념할 수 있다고 판단하여 직원들의 라이프스타일 개선에도 투자를 아끼지 않았다. 기업의 성장 동력은 사람에서 비롯돼 사람으로 끝난다는 철학으로, 그렇게 하나둘 실천의 역사를 써나간 것이다.

뉴발란스의 엑셀런스

　이런 경영 철학의 결과가 어땠는지는 직원들과의 인터뷰에서도 잘 드러난다. 이들은 뉴발란스에서 일하는 것을 자랑스럽게 여기며 "이 회사는 아주 특별한 회사입니다"라고 말하기를 주저하지 않는다. 기업이 직원들에게 자부심을 가지니, 직원들 또한 회사에 대한 자긍심으로 가득한 셈이며, 이러한 관계야말로 뉴발란스만의 '엑셀런스Excellence'라고 볼 수 있다.

　엑셀런스란 풀어 말하면 '탁월함'이라는 뜻으로 『리틀 빅 씽』의 저자 톰 피터스가 사용한 용어이다. 그는 "사람들의 태도attitude가 엑셀런스excellence를 만들어내고 사람들의 일하는 방식이 효율성과 생산성을 높여주는 열쇠가 된다"고 역설하고 있는데, 뉴발란스의 경우는 경영진과 직원들의 태도가 소비자들을 사로잡는 엑셀런스로 작용한다고 볼 수 있다. 나아가 톰 피터스는 "남을 앞설 수 있는 탁월함, 즉 엑셀런스가 있으면 누구나 성공할 수 있다"고 단언한다.

　뉴발란스의 슬로건은 "함께 멋지고 훌륭한 일을 만들어가자"는 뜻의 "Let's make excellent happen"이다. 이는 소비자를 대상으로 한 슬로건이지만, 일차적으로 직원들을 향해 있는 슬로건이기도 하다.

이 슬로건의 의미는 한 광고를 보면 더 깊이 와 닿는다. 이 광고에는 유명 모델도 없이 오로지 미국에 있는 생산 현장만 등장하는데, 뉴발란스가 100년 넘도록 자국 생산을 고집하고 있다는 점에서 이곳은 뉴발란스의 자부심이자 심장과 같은 곳이다.

짧은 시간 동안 화면에는 제조 과정과 일하는 사람들의 모습이 흘러가고, 마지막으로 한 줄 카피가 뜬다.

"Make Excellent Happen"

이는 뉴발란스의 '엑셀런스'가 현장과 사람들로부터 비롯됐음을 알게 한다.

"엑셀런스란 과거에 이룬 것을 넘어선다는 의미이며 지금까지의 한계를 뛰어넘어 새로움을 창조해내는 것을 말한다."는 톰 피터스의 말대로, 사람들이 만들어낸 '엑셀런스'의 힘이 있는 한 뉴발란스의 내일은 오늘보다 새롭고 위대할 것이다.

이미지가 아닌
제품을 판다

　엑설런스는 기업의 보이지 않는 내부적 힘을 뜻한다. 그렇다면 기업의 외부적인 힘은 무엇일까? 어떤 기업을 떠올릴 때 함께 떠오르는 이미지, 그것이야말로 기업의 외부적 힘일 것이다.

　자, 뉴발란스를 떠올려보자. 어떤 이미지가 떠오르는가? 커다란 N 로고? TV에서 뉴발란스 제품을 신었거나 입었던 스타들? 그나마 'Made in USA', '달리기' 혹은 '마라톤' 등을 떠올렸다면 당신은 뉴발란스 마니아라고 해도 부족함이 없다.

　사실 뉴발란스는 딱히 떠오르는 이미지가 없다. 이것은 약일까, 독일까? 이미지를 결정하는 건 대부분 광고와 마케팅의 역할이며, 물론 뉴발란스도 오랫동안 자신들의 슬로건을 적극 홍보해왔다.

하지만 뉴발란스의 홍보 정책에는 평이하지 않은 한 가지 다른 면이 있다. 이 모든 홍보 활동들이 '이미지 메이킹'을 위한 퍼포먼스가 아니라, 제품으로 승부해야 한다는 슬로건 확장의 목적을 가지고 있다는 점이다.

실로 뉴발란스는 광고 비중이 아주 미미한 '이상한 기업'이다. 패션 업계에서는 '이미지를 입는다'는 말이 있을 정도로 제품 이상으로 이미지가 중요하다. 또한 그 이미지를 형성해가는 과정에서 광고의 역할은 절대적이다. 하지만 다들 경쟁하듯 광고를 해댈 때, 뉴발란스는 광고비를 거의 쓰지 않으면서 지금의 위치에 올랐다. 이 점은 시사하는 바가 아주 크다.

여기에는 뉴발란스의 기업 철학인 '품질 우선주의'가 바탕이 되어 있다. 광고와 마케팅에 들일 돈을 연구개발에 쏟았고, 그렇게 탄생한 질 좋은 제품들은 특별한 비용을 들여 광고를 하지 않는데도 입소문을 타고 소비자들 속으로 파고들었다.

결국 뉴발란스의 홍보 역사는 좋은 제품보다 강한 힘, 더 나은 광고는 없다는 점을 증명하는 하나의 귀중한 사례라고 볼 수 있다.

제품의 높은 질이 곧 광고다

1906년 창업자 윌리엄 라일리[William J. Riley]가 뉴발란스 아치를 만들었을 때도, 트랙스터와 N시리즈 등을 선보였을 때도 이를 광고한 사람은 유명 모델이 아닌 소비자들이었다. '완벽한 편안함', 운동에 최적화된 기능이 가져다주는 만족감 그 자체가 하나의 광고로 작용했던 셈이다. 이처럼 좋은 제품의 자생력을 일찌감치 알게 된 뉴발란스는 다른 기업들처럼 스타를 내세운 광고 없이 꿋꿋이 자기 길을 갈 수 있었다.

이런 광고 원칙은 짐 데이비스 회장의 취임 이전부터 유지된 것이었다. 1960년에 폭발적인 반응을 몰고 온 '트랙스터'의 경우, 짐 데이비스 이전 경영자인 폴 키드[Paul Kidd]가 개발한 제품이다. 이 제품은 업계 최초로 가로 사이즈를 탑재하고 물결 모양의 밑창을 사용함으로써 당시 운동선수 및 코치들 사이에서 엄청난 반향을 일으켰고, 유명 선수들 스스로 앞 다퉈 이를 신고 직접 홍보하는 결과를 가져왔다. 그럼에도 뉴발란스는 이들에게 사례금은커녕 "제값을 내고 신으라"고 반대할 정도였는데, 이 콧대 높은 발언에도 대부분의 선수들과 운동 전문가들은 여전히 트랙스터를 애용했으

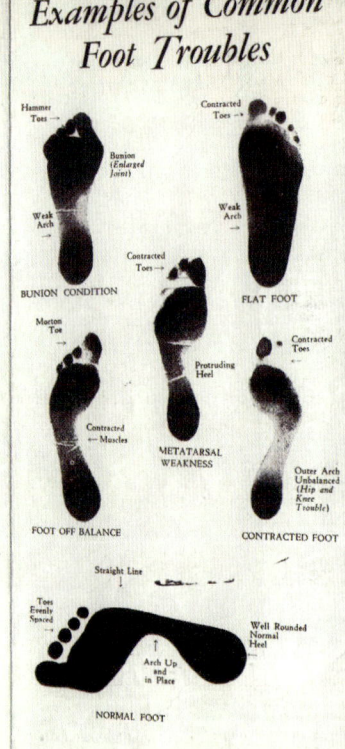

■ 뉴발란스 아치의 장점을 소개한 리플렛

며, 순간적으로 돌아섰던 이들도 결국에는 그만한 제품을 찾지 못해 다시 돌아왔다고 한다.

즉 뉴발란스에게 좋은 제품이란 그 자체로 광고비 없이 홍보가 가능한 유일한 길이다. 게다가 이렇게 얻은 매출 신장을 다시금 연구개발에 투자하니 더 좋은 제품들이 탄생하는 선순환이 구축될 수밖에 없었다.

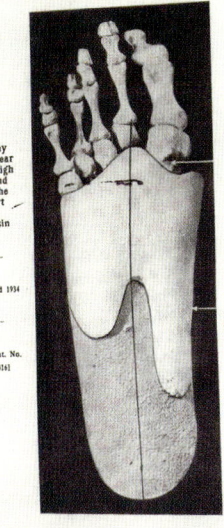

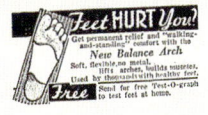

보통 사람들을 위한 기업

물론 시행착오가 없었던 것은 아니다. 1986년, 뉴발란스는 미국프로농구^{NBA} 선수인 제임스 워디^{James Worthy}와 10년간 1백만 달러의 후원 계약을 맺었다가 비평가들 사이에서 논란을 일으켰다. 팀 베스트가 아닌 넘버3 선수에게 막대한 금액을 지급하는 것에 대한 우려, 나아가 향후 선수 후원 계약금

규모가 커질 것이라는 우려였다.

그러나 이 후원 계획은 오래가지 않았다. 유명인에게 큰 투자를 하는 것보다는 연구개발과 제조에 힘쓰는 것이 더 나은 투자라는 기존의 가치를 재확인했기 때문이다. 그 일 이후 뉴발란스는 '아무에게도 지지받지 않는'$^{\text{Endorsed by no one}}$'이라는 말을 '주문'처럼 삼았고, 이는 오늘날에도 유효한 핵심 원칙으로 남아있다. 유명인이 아닌 지극히 평범한 사람을 위한 뉴발란스로 다시 돌아온 것이다.

스티브 잡스의 뉴발란스

그럼에도 현재 뉴발란스는 '지미 카터 대통령의 신발', '빌 클린턴 대통령이 신는 신발', '스티브 잡스의 신발' 등으로 유명세를 타고 있다. 특히 애플의 스티브 잡스가 자사의 신제품 발표회장에 N 로고가 선명한 뉴발란스 신발을 신고 등장했을 때의 파급력은 그야말로 엄청났다. 단순한 검은색 터틀넥에 청바지 차림만 해도 큰 화제를 낳을 만큼, 당시 스티브 잡스의 세계적인 영향력은 측정 불가했다. 이 상황에서 그가 발표회장에 신고 나온 뉴발란스는 '혁신'의 아이콘이라는 그의 이미지와 결합하면서 최고, 도전, 젊음, 혁신 등의 이미지까지 덧입을 수 있었다.

  과거에도 유명인들의 '자발적'인 뉴발란스 광고는 역사가 깊다. 1980년대 초, 뉴발란스 영국 워킹턴 공장에서는 소비자들의 요구를 받아들여 축구화를 생산하고 있었다. 이 무렵 뉴발란스는 러닝화 시장 말고도 다른 운동화 시장으로 확장을 시도하고 있었는데, 이때 만들어진 축구화는 2년간 PFA$^{Professional\ Footballers'\ Association,\ 영국프로축구선수협회}$의 멤버들이 직접 신고 뛰며 제품 성능을 테스트함으로써 예상 못했던 놀라운 결과를 가져왔다. 3천 여 명에 달하는 PFA 회원들이 맨체스터에서 열린 공식 기자회견을 통해 뉴발란스를 자체적으로 홍보하겠다고 발표한 것이다. 이후 PFA가 사용하는 모든 신발과 상자, 그리고 광고에는 뉴발란스의 로고가 들어가게 되었는데, 수많은 선수들이 아무 보상도 바라지 않고 자발적으로 홍보에 나선 이 사건은 뉴발란스의 자발적 광고 역사에서 하나의 전설로 자리 잡았다.

평범한 사람의 독백,
대중의 마음을 사로잡다

'아무에게도 지지받지 않는' 보통 사람들의 회사라는 뉴발란스의 모토는 제품 광고에서도 잘 드러난다. 뉴발란스 광고에는 젊은 남녀, 또는 황혼기의 남녀처럼 지극히 평범한 사람들이 등장한다. 배경 또한 아주 익숙한데, 뉴발란스의 광고는 평범한 일상, 그래서 그 소중함을 잊고 있었을지 모를 장면들을 상기시킨다.

한 예로 2000년대 초 한 광고는 노을을 향해 달려가는 여성의 이미지를 등장시키며 다음과 같은 카피를 사용했다.

"한 여성이 저녁노을을 향해 뜁니다. 한 여성이 조금 더 멀리 나아갑니다. 또 한 여성은 살아있다는 것을 느낍니다. 그럴수록 누군가에게 의지하려는 여성은 한 명 더 줄어듭니다."

'Runner의 신념―평화로 이르는 길'이라는 제목의 광고도 있었다. 이른 새벽, 한 남자가 아무도 없는 도로 한가운데서 몸을 풀고는 운동화 끈을 고쳐 매고 뛰기 시작한다. 사방이 고요한 가운데 들리는 건 그의 숨소리뿐이다. 호흡이 가빠져오면서 다음과 같은 내레이션이 흐른다.

"나는 달린다. 많은 사람들이 달리지만, 오늘 내가 뛰는 일은 나만의 길이다. 길은 나의 인생과 같다. 나는 완주해야 한다. 나의 인생을 다 살아내야 하듯."

평범한 이들을 위한 광고

뉴발란스의 광고들은 전혀 자극적이지 않으며, 제품에 대한 호소도 없다. 나이키와 아디다스 등이 마이클 조던과 데이비드 베컴 등 세계적인 스타들을 내세워 '승리'와 '1등'을 강조한 광고들과 비교하면 주목도도 떨어진다. 비용으로 치면 경쟁 업체와 감히 비교조차 할 수 없는, 이 특별할 것 없는 광고가 발휘하는 힘은 상상 이상이다.

놀랍게도 이 평범한 사람들의 독백이 특별한 '화학작용'을 일으키며 대중들의 마음을 사로잡았다. 누군가의 삶을 따라

가는 게 아닌, 지금 현재 나 자신과 내 삶을 돌아보게 함으로써 자신에 대한 애착을 갖게 했고, 내면의 목소리에 더 귀 기울이게 했다. 그것은 일종의 '자기 위로' 같은 것이었다. 모두가 1등이 되어야 한다고 말하고, 전쟁터와 같은 치열한 삶을 살고 있을 때, 괜찮다고 해낼 수 있다고 잘할 수 있다고 다독이는 것이 역설적으로 더 성장하고 싶다는 욕구를 일깨웠다.

베이비붐 세대를 위로하다

특히 이 광고들의 반향이 컸던 이유에는 시대적 상황도 맞물려 있었다. 뉴발란스가 본격적으로 시장에 진출한 1990년대는 미국에서 베이비붐 세대가 중년기에 접어들 무렵이었다. 끊임없이 성공을 위해 달려온 과거를 뒤로 하고 자신을 돌아보고 진정한 행복을 고민할 시기를 맞은 이들에게 뉴발란스의 속삭임은 힐링과 같았고, 광고 속 평범한 이들의 목소리는 소비자들로 하여금 자기 정체성을 찾는 데 집중하게 만들었다. 마케팅 전문가들이 뉴발란스의 마케팅 전략을 'I^{dentity}-Value'라고 하는 이유도 여기에 있다.

특히 2000년 뉴발란스의 마케팅 슬로건 "뉴 발란스(새로운 균형)를 성취하라"$^{Achieve\ New\ Balance}$는 뉴발란스의 I-Value를 가장 잘 드러낸 사례다. 그대로 해석하면 '뉴발란스를 신어라, 혹은 입어라'가 될 수도 있는 이 똑똑한 슬로건은 운동에 전념하는 시간을 가짐으로써 정신없이 바쁜 일상에 균형을 찾으라고 격려하는 뉴발란스의 바람을 담고 있다. 더 나아질 수 있기 위해 스스로를 응원하고 자신의 모든 잠재력과 가능성을 깨달으라는 응원이다.

소비자들의 마음이 흔들리는 것도 당연했다. 이처럼 뉴발란스는 소비자들로 하여금 일상에 치여 외면했던 내면의 자아에 관심을 갖게 함으로써 소비자의 마음을 얻어내는 데 성공할 수 있었다.

자부심을 정체성으로

또 하나 주목해야 할 점은 사실상 뉴발란스가 이런 식의 광고나마 텔레비전과 잡지 등의 매체를 통해 처음 노출한 건 가까스로 2000년대에 들어서였다는 것이다. 달리 해석해보면 뉴발란스는 무모할 정도로 용감하고 상상할 수 없을 만큼 자부심이 강한 기업이라고 볼 수 있다.

하지만 그것이 또한 뉴발란스라는 기업의 정체성이라는

점에는 누구도 반기를 들지 않는다. 화려하지도 않고, 1등만을 목표로 하지 않으며, 조용히 자기 갈 길을 가는 기업. 모두가 바라는 길, 모두가 꿈꾸는 길과 정반대라 할지라도 옳다고 믿는 신념.

이 모두가 뉴발란스만의 고집스런 철학이 엿보이는 대목이다.

마라톤과 함께 발전한
브랜드 이미지

　뉴발란스는 다양한 운동 활동들을 후원하는 것으로 유명하다. 또한 그 후원의 역사도 아주 오래되었다. 창업자 윌리엄 라일리가 자신의 첫 운동화를 지역의 러닝 클럽 멤버들을 대상으로 제작했다는 것은 잘 알려진 이야기다. 즉 뉴발란스는 1938년 첫 운동화를 만들기 시작했을 때부터 운동과 함께 발전하고 성장한 기업이라고 볼 수 있다.

　실제로 뉴발란스 제품은 선수들이 먼저 알아봤으며, 특히 마라톤 경기는 뉴발란스의 존재와 가치를 돋보이게 하는 훌륭한 배경이 되었다. 각종 마라톤 대회나 운동 경기 등에서 주목받는 선수들이 직접 뉴발란스의 신발을 신거나, 좋은 성적을 거둔 후 뉴발란스의 '공'을 거론하는 일도 심심치 않게 일어날 정도였다.

뉴발란스 팀의 탄생

뉴발란스가 본격적으로 '달리는 사람들을 위한 신발'이라는 이미지를 입게 된 것은 '뉴발란스 팀'의 탄생과 관련이 깊다.

뉴발란스 팀이란 대학생 선수들을 영입해 광고 모델로 삼기 위해 만들어진 육상 팀으로 테리 헤클러(Terry Heckler)의 아이디어였다. 테리 헤클러는 N 로고로 뉴발란스에 새로운 생명력을 입힌 인물로서 훌륭한 전략가였다.

주 고객층인 대학생들을 모아 팀 브랜드를 만들면 효과가 있으리라는 그의 예상은 그대로 맞아 떨어졌다. 사실 뉴발란스의 브랜드파워는 N시리즈 첫 번째인 320이 '러너스 월드'에서 최고의 러닝슈즈로 선정되기 전만 해도 다소 약한 것이 사실이었다. YMCA 사물함과 대학교 트랙에서는 자주 등장했지만, 일반 소매점에서는 찾아보기 힘들었기 때문이다. 이런 상황에서 대학생 러너들을 뉴발란스의 러너가 되게 해서 브랜드에 대한 관심을 높이면 어떻겠냐는 그의 제안은 획기적인 것이 틀림없었다. 당시 그는 이렇게 말했다고 한다.

"그들이 전국적인 영웅이 아니면 어떻습니까. 전국적인 영웅처럼 보이게 하면 되죠. 아무도 그들에 대해 들어보지 못했겠지만, 우리가 이 학생들의 커다란 포스터를 만들어서 운동 제품 가게의 영웅으로 만듭시다."

그렇게 첫 번째 뉴발란스 팀이 결성되었다. 더 놀라운 것은 이후 이어지기 시작한 팀의 성과들이다. 팀으로 영입된 선수들 중 몇 명이 1976년 오리건 주 유진에서 열린 올림픽 대표 선수 선발 대회에 참가해 그 명성을 처음으로 알렸으며, 짐 데이비스 회장이 뉴발란스를 인수한 후 꾸었던 꿈들이 현실로 이뤄지고 있는 1980년대 무렵이 되자 팀은 갈수록 큰 성과를 거두기 시작했다. 가장 큰 두각을 드러낸 것은 1980년 팀에 합류한 피터 파이징거Peter Pfitzinger였다. 그는 1984년 올림픽 대표 선발전에서 11위, 1988년에는 올림픽 대표 선발전에서는 3위, 그리고 올림픽에서는 14위를 차지했다. 프랜시 로리 스미스Francie Larrieu Smith도 1988년 서울올림픽 1만 미터 경기에서 5위를 기록하며 주목을 받았다.

뉴발란스 팀의 활약상이 두드러지면서 뉴발란스의 브랜드파워도 덩달아 성장한 것은 당연했다. 긍정적 효과는 거기에서 그치지 않았다. 팀에서 뛰는 선수들을 통해 제품의 성능을 마음껏 보여줄 수 있는 쇼케이스 기회를 얻었을 뿐 아니라, 선수들로부터 직접 다양한 전문 지식과 제품 개선 방향을 전해 들을 수 있었다. 이것이 제품 기능 향상으로 이어진 것은 당연지시다.

결과적으로 뉴발란스 팀은 뉴발란스 브랜드에 대한 관심과 인지도, 판매량 성장에 직접적으로 영향을 미친 훌륭한 기획이었다. 지금도 이 팀은 세계 각지에서 모인 80명의 선수들로 운영되고 있다.

마라토너처럼 달리는 기업

고등학생들을 대상으로 뉴욕의 뉴발란스 트랙에서 열린 '뉴발란스 대회'도 이와 비슷한 사례이다. 이 대회는 두 명의 전문 경주 선수를 초청해 1마일씩 경기를 하는 것으로, 1999년 이 대회에서 뉴발란스 팀의 선수 리치 볼레이Ritchie Boulay가 4분 기록을 최초로 깨 화제를 모은 바 있다.

또한 마라톤 경기와 올림픽 등을 꾸준히 후원하며 '달리는 사람들과 함께하는 뉴발란스'의 이미지를 강하게 구축해온 것도 큰 성과를 낳았다. 올림픽의 경우 1996년 미국 조지아주의 주도인 애틀랜타에서 열린 하게 올림픽을 시작으로,

이후 2000년 시드니 올림픽, 2004년 아테네 올림픽까지 계속 후원을 이어갔다.

뉴발란스의 마라톤 후원의 역사는 올림픽 후원보다 오래되었다. 혹자는 뉴발란스와 마라톤은 떼려야 뗄 수 없는 관계라고 규정한다. 마라톤은 단시간 안에 승부를 보는 전력 질주가 아니라 오랜 시간 자신과의 싸움을 견뎌야 하는 경기다. 누구도 하루아침에 마라토너가 될 수 없듯이 매일매일 꾸준히 목표를 성취하고자 노력하는 사람들에게만 '완주'라는 영광이 주어진다.

이런 마라톤의 속성은 뉴발란스의 기업 정신과 묘하게 닮아 있다. 뉴발란스가 일찍이 마라톤 후원을 시작한 것도 기업이 지향하는 가치관이 작용한 결과였다. 스스로 노력하는 이들이 더 나은 결과를 얻도록 응원하고 격려하며 소비자가 함께 성장하는 보람을 누리려 한 것이다.

뉴발란스가 1997년부터 후원을 시작한 시카고 마라톤(1977년 처음 시작된 시카고 마라톤은 미국 시카고에서 매년 10월에 열리는 마라톤 대회이다.)이 그 대표격인데, 이 대회는 뉴발란스의 미국 내 제조 원칙을 강하게 발휘한 대회로. 소위 '아메리카 마라톤'이라 불린다. 1994년 참가 인원이 1만 명에 불과했던 이 대회는 1997에는 무려 4만 명이 참가해 26.2마일(42.1km)을 뛰었다.

나아가 이 대회에서도 뉴발란스 팀 소속 선수들의 눈부신 활약이 있었다. 1997년 시카고 마라톤에서 팀의 주자로 우승을 한 케냐의 마라토너 칼리드 하누치Khalid Khannouchi는 1999년 대회에서 2시간 5분 42초로 세계 신기록을 수립하면서 세계의 이목을 집중시키는가 하면, 3년 후인 2002년 런던 마라톤 대회에도 출전해 또 다른 세계 신기록을 수립했다. 이 대회에서 그가 신고 있던 신발은 자신의 신기록을 기념하는 뉴발란스 205였다.

비단 올림픽과 마라톤뿐만이 아니라 뉴발란스는 다양한 행사를 후원하고 있다. 대표적인 것이 'Girls On The Run'이다. 뉴발란스가 공식 주 후원하는 이 행사는 8~14세 여학생들을 대상으로 건강과 체력, 정서 및 사회적 정신적인 발전을 도모하는 팀 위주의 경주 프로그램으로 매해 1만 명이 넘는 인원이 참가하며 30개가 넘는 미국의 주에서 시행되고 있다.

또한 뉴발란스는 공식 라크로스(크로스라는 라켓을 사용해서 하는 하키 비슷한 구기 종목) 메이저리그의 신발 및 의류 제공 업체이기도 하다. 2006년 처음으로 도입된 라크로스는 스포츠의 고유 특성인 빠르고 거친 움직임으로 미국에서 가장 빠르게 성장하고 있는 팀 스포츠다.

또한 뉴발란스는 네덜란드 동부 헬데를란트 주에 있는 도시 네이메헌^{Nijmegen}에서 열리는 세계 최고 규모의 경보 경기의 스폰서이기도 하다. 1809년 군사 훈련으로 도입된 이 경보는 매년 7월에 열리며, 매해 4만 명의 민간인 참가자들을 수용할 정도로 크게 성장했다.

함께 달리는 즐거움

뉴발란스는 한국에서도 후원 행사를 이끌어가고 있다. '뉴발란스 코리아'에서 개최하는 마라톤 대회가 그것이다. 이 대회는 2011년 'NB 레이스'라는 이름으로 시작해 2012년에는 '중앙서울뉴발란스레이스'라는 명칭으로 열렸으며, 2013년에는 '뉴레이스 서울'$^{NEW\ RACE\ SEOUL}$이라는 이름으로 총 3회 개최된 바 있다.

이 대회는 기록 위주가 아닌 '함께 달리는 즐거움'을 제공하기 위한 일종의 페스티벌 성격을 띠고 있다. 뿐만 아니라 2012년 1월 미국에서 '지구에서 가장 행복한 달리기 5km'라는 이름으로 시작해 전 세계 30개국 200여 개 도시로 확대된 '컬러 런'$^{The\ Color\ Run}$ 대회가 지난해에는 서울에서도 '뉴발란

▎'뉴발란스 코리아'의 뉴레이스 서울

스 컬러런'이라는 이름으로 개최되었다.

이처럼 뉴발란스의 스포츠 후원은 생활 스포츠에 대한 응원이자, 평범한 모든 개인들에게 내재된 '선수'들을 격려하기 위한 후원이다. 스포트라이트를 받는 선수들이 아닌 우리 모두의 스포츠를 지원하고자 하는 가치와 철학이 반영된 것이다.

2006년, 뉴발란스가 내건 캠페인 'For Love or Money?'도

같은 맥락에서 아주 중요한 포인트로 평가받는다. 이 캠페인은 돈과 이기심을 위해 운동하는 것이 아니라 진심으로 운동을 사랑하는 사람들을 명예롭게 받아들여야 한다는 내용을 담으며 스포츠맨십을 강조한다. 또한 그 스포츠맨십이 운동선수뿐만 아니라 우리 모두의 삶 속에서 빛나야 할 가치임을 말하고 있다는 점도 '과연 뉴발란스'라는 탄성을 자아내게 한다.

new balance

2장
뉴발란스와
사람

짐 데이비스,
회사를 인수하다

뉴발란스는 1970년대에 이르러 한 시대의 막을 내렸다. 창업자인 윌리엄 라일리, 뒤이어 공동 경영자로 합류한 아더 홀$^{Athur\ Hall}$, 그리고 두 사람에 이어 2대로 경영을 맡은 아더 홀의 딸 앨래노어^{Eleanor}와 사위 폴 키드의 시대였다.

이 무렵 뉴발란스는 새로운 경영자를 맞이하게 되는데, 그가 바로 현재까지 40년 넘게 뉴발란스를 이끌고 있는 짐 데이비스다.

뉴발란스의 역사는 짐 데이비스 전후로 나뉜다고 해도 과언이 아니다. 6명의 직원이 하루에 30켤레를 생산하는 작은 회사에 불과했던 뉴발란스는 데이비스의 취임 이후 생산량을 대폭 늘리고 신제품을 지속적으로 개발 출시하기 시작했으며, 해외 진출을 통해 유명한 글로벌 기업으로 성장했다.

그렇다고 데이비스가 판매 실적에만 치중했던 것도 아니다. 그는 창업 때부터 지속되어온 뉴발란스의 가치관과 철학, 기업 정신을 최우선에 두었고, 기업 문화를 축적해 뉴발란스를 특별한 브랜드로 성장시키는 데 공을 들였다.

꽤 실력 있는 러너의 신발

짐 데이비스가 뉴발란스를 인수한 것은 1972년 보스턴 마라톤이 열린 날이었다. 그러나 그가 처음 뉴발란스의 문을 두드린 건 그 1년 여 전부터였다.

1971년 1월, 키드 부부가 뉴발란스를 매각하기로 했다는 소식을 전해들은 짐 데이비스는 키드 부부의 집을 찾아갔고, 키드 부부는 그간의 경영과 판매 등 비즈니스에 관한 기록, 1971년 예상치까지 공개하는 등 그를 극진히 맞이했다.

그러나 스스로 제화 산업에 대해 아는 바가 거의 없다는 것을 절감한 짐 데이비스는 회사 인수를 포기할 수밖에 없었다. 다만 돌아가는 길에 옆구리에 두 켤레의 트랙스터를 껴안고 갔는데, 놀랍게도 이것이 1년 뒤 그가 뉴발란스를 인

ⓒ Corbis

짐 데이비스는 1972년 보스톤
마라톤 대회 당일 뉴발란스를
인수했다.

수하게 되는 결정적 계기가 되었다.

데이비스는 이 두 켤레의 신발이 회사 인수에 끼친 영향을 정확히 기억하고 있었다. 그날 이후 뉴발란스를 신고 조깅을 할 때면 이런 말을 듣곤 했다는 것이다.

"뉴발란스를 신고 뛰는 걸 보니 당신, 꽤 실력 있는 러너군요."

러너들이 뉴발란스에 대해 가진 믿음과 신뢰를 확인한 그는 다시 한 번 회사 인수 문제를 고민하게 된다.

짐 데이비스, 뉴발란스를 인수하다

그가 뉴발란스 인수를 결정한 데에는 그의 사업가적 기질도 한몫했다. 그는 소년 시절에는 내성적인 성격으로 낚시를 좋아하고 즐겼지만 아버지가 운영하는 식당 일을 돕느라 바쁜 나날을 보내야 했다. 처음에는 그릇 나르는 일에서 시작해, 다음엔 서빙 일을 했고, 그 다음에는 바텐더로도 일했다. 훗날 그는 아버지가 이 힘든 노동 속에서 건넨 가르침에 대해 다음과 같은 감사를 표한 바 있다.

"아버지는 15살 때부터 그리스에 있는 가족들을 위해 돈을 벌기 위해 미국 곳곳을 돌며 일했습니다. 남쪽 캘리포니아에서 몇 년 일했고, 그 다음엔 매사추세츠로 이사해 결혼도 했지요. 돈을 아끼고 저축해서 작은 식당을 오픈하신 뒤, 그 후로도 보스턴 주위에 몇 개의 식당을 더 열게 되었습니다. 나는 아버지로부터, 사업을 할 때는 스스로가 주인이고 독립적 주체여야 한다는 점을 배웠습니다."

브루클라인 고등학교에 입학한 그는 미식축구를 시작했는데, 이를 계기로 팀과 함께한다는 게 무엇인지, 긍정적인 생각이 어떻게 마음속에서 자라나게 되는지를 배울 수 있었다. 이후 우스터아카데미Worcester Academy에서 13학년을 마친 그는 미들버리대학교Middlebury College에 입학했다. 의학 분야에 진출할 생각으로 생물학과 화학을 공부했지만, 지도 교수의 의견은 달랐다. 그가 의학보다는 세일즈 분야에 재능이 있다고 조언한 것이다.

1966년, 대학을 졸업한 그는 세일즈맨으로 의료 기술 회사에 취직했고, 스승의 판단이 정확했다는 것을 깨달았다. 세일즈와 홍보에 타고난 재주를 발휘한 덕에 2년이 지나자 다른 회사로부터 세일즈 매니저 스카우트 제의를 받을 정도였다.

그러나 그의 잠재의식 속에는 자기 사업을 해보고 싶다는 생각이 강했다. 아버지처럼 독립적 주체가 되려면 자신의 회사를 인수해 운영할 필요가 있다고 믿었다.

그렇게 옆구리에 두 켤레의 트랙스터를 껴안고 돌아온 시점으로부터 1년 뒤, 짐 데이비스는 다시 뉴발란스를 찾았고, 1년 전 키드 부부가 보여줬던 1971년도의 사업 예상치가 정확히 맞아떨어졌음을 확인했다.

그는 키드 부부에게 아직도 회사를 팔 생각이 있는지 물었다. 그들의 대답은 '예스'였다. 하지만 가격 부분의 조정이 쉽지 않았다. 키드 부부는 가격 면에서 협상의 여지를 두지 않았다. 데이비스와 키드 부부는 대화를 거듭했고, 결국 짐 데이비스는 뉴발란스의 새 주인이 되었다.

10만 달러의 거래

1972년 4월 18일, 보스턴 마라톤의 개막 날, 짐 데이비스는 인수 계약서에 사인을 했다. 계약서 내용은 다음과 같았다. 우선 4만 달러를 현금으로 지불하고, 27,605달러짜리 전표는 3년간 8%의 이자를 쳐서 분할 지불한다는 것이었다. 또한 폴 키드를 회사의 컨설턴트로 고용해 36개월 동안 매월 783달러의 월급을 지급하기로 했다. 모든 금액을 환산해보면 인수에 약 10만 달러 상당을 지불하는 셈이었다.

또 하나, 키드 부부가 사인한 뒤 건넨 계약서에는 데이비스가 예상하지 못했던 조항도 포함되어 있었다. 만일 데이비스가 3년 내에 회사 매출을 2배로 올리지 못할 경우 키드 부부에게 5천 달러의 보너스를 지급한다는 내용이었다. 그야말로 배짱 두둑한 계약서였는데, 그만큼 키드 부부가 생각하는 뉴발란스의 미래가 밝았던 셈이다.

짐 데이비스는 이 모든 조건을 받아들여 계약을 성사시켰다. 그리고, 인수가 끝났을 때 전 주인인 폴 키드로부터 아주 인상적인 당부를 받았다.

"무슨 일이 있어도 가로 사이즈는 꼭 지키세요."

짐 데이비스는 폴 키드의 충고를 마음에 새겼으며, 이후로도 가로 사이즈를 유지했다. 가로 사이즈야말로 뉴발란스를 차별화하는 중요한 포인트라는 점을 이해했기 때문이다.

특히 그는 인수 전 뉴발란스의 대부분 매출이 편지 주문과 입소문으로 이루어졌다는 점에 주목하면서 고객의 폭을 넓히는 데 주력하기로 다짐했다. 그것만이 회사를 성장시키는 유일한 길처럼 보였다. 그는 개인 고객은 물론 소매업자들에게도 뉴발란스를 적극 홍보하기로 마음먹었다.

사람으로 혁신하다

여기서 주목해야 하는 부분은 그가 이 과제들을 실현하기 위해 선택한 독특한 방안이다. 그는 먼저 주변에 있는 '사람'을 영입하는 게 우선이라고 생각했다.

그가 뉴발란스를 인수한 후 가장 먼저 한 일은 당시 K2에서 일하고 있던 대학 동창 에드 노턴^{Ed Norton}에게 전화를 거는 것이었다. 데이비스는 그에게 뉴발란스를 위해 일해 달라고 부탁했고, 노턴은 그 제안을 수락했다. 노턴 역시 뉴발란스를 위해 처음으로 한 일이 '전화 걸기'였다. 자신의 K2 브랜딩 업무를 도와주면서 친분을 쌓은 시애틀의 테리 헤클러와 통화를 시도한 것이다.

테리 헤클러와의 첫 미팅 날, 짐 데이비스는 헤클러에게 다음과 같이 물었다.

"뉴발란스라는 이름을 어떻게 생각하시지요? 그 이름을 지키고 싶은 의사가 있습니까?"

테리 헤클러는 주저하지 않고 "저는 그 이름을 아주 좋아하지요."라고 답했다. 데이비스는 곧바로 헤클러를 고용했다.

테리 헤클러의 활약은 그야말로 눈부셨다. 그는 먼저 신발의 외형적 디자인에 칼을 댔다. 트랙스터의 경우 그 기능은 훌륭하나 그 외형이 마치 '요양원 아디다스'처럼 보인다는 이유였다. 그는 트랙스터의 기능적인 면을 더 잘 부각시키고 러너들이 공감할 만한 감성적인 측면이 추가된 새 디자인이 필요하다고 주장했다. 그에 따라 뉴발란스의 '옷 바꿔 입기' 작업이 일사분란하게 진행됐다. 측면 안장의 감싸는 느낌을 강조하고 균형미를 돋보이게 하는 새 디자인이 공개되고, 거기에 균형감을 잡아주는 컬러까지 더해졌다.

나아가 헤클러는 그 유명한 N 로고를 개발했다. 지금은 돈으로 환산하기 어려울 정도로 큰 브랜드 가치가 됐지만, 개발 당시만 해도 이 로고는 크게 환영받지 못했다. 심지어 헤클러의 친구 하나는 "왜 'N'이야? 사람들이 나이키라고 생각할 텐데"라는 반응을 보일 정도였다. 그러자 헤클러는 오히려 좋아했다. "그거 잘됐네. 나이키가 우리보다 두 배는 더 잘 버니까, 우리도 두 배는 더 팔 수 있겠군."

이어서 헤클러는 뉴발란스 모델에 숫자 시스템을 도입하는 성과도 남겼다. 그는 특정 제품보다 브랜드에 집중하는 게 더 효과적이며, 신발에 숫자를 매기면 '특별한 지위'를 부여할 수 있다는 점을 깨달았다.

그의 예상은 적중했다. 뉴발란스의 숫자 시스템은 고객들에게 뉴발란스가 하나의 퍼포먼스 브랜드라는 점을 각인시키는 데 큰 역할을 했다.

소매상 딜러들도
뉴발란스의 가족이다

　뉴발란스는 유통 업체나 소매상 딜러들과 돈독한 파트너십을 가진 회사로 유명하다. 전 방향의 커뮤니케이션을 통해 공동 의식을 확장하고 강력한 동료애를 키워간다.

　이 같은 파트너십은 짐 데이비스 회장의 철학과 매우 밀접하게 맞닿아 있다. 데이비스는 젊은 시절 세일즈 경험을 통해, 소비자와 가까운 판매 현장의 딜러들이야말로 '최고의 마케터'라는 점을 일찍이 깨달았다. 때문에 다른 기업들이 모델을 내세워 마케팅을 할 때, 그는 소매상 딜러들을 직접 만나러 다니는 등 이들을 극진히 대우했으며, 이것이 딜러들로 하여금 뉴발란스의 가치를 공유하고 무한 신뢰를 갖도록 하는 밑바탕이 되었다.

뿐만 아니라 짐 데이비스는 소매상 딜러들에게 제품에 관한 일정한 권한을 부여하기도 했다. 신제품 출시 전에 제품 검토 사전 미팅을 주최함으로써 판매 현장 담당자들의 생생한 피드백을 받아들인 것이다. 이 피드백들은 실제로 제품에 반영되기도 했는데, 그때마다 소매상 담당자들은 자부심과 긍지, 그리고 기업의 발전에 기여했다는 보람과 기쁨을 느꼈다. 이런 경험을 한 담당자들이 다른 브랜드보다 뉴발란스에 더 깊은 애정을 품고, 뉴발란스 제품 판매에 공을 들인 것도 당연하다.

친구가 성공의 원동력이다

톰 피터스는 『리틀 빅 씽』에서 "관계를 연결하라"며 인간관계 투자의 중요성을 언급한다. 또한 "친구가 성공의 원동력"이며, "친구가 된다는 것은 서로를 좋아한다는 것이며 서로를 위해 헌신하게 된다는 의미"라고 말한다.

같은 맥락에서 뉴발란스가 실행한 앞선 사례들은 짐 데이비스가 이른바 '관계 경영'을 실행하고 있었음을 보여준다. '우리'라는 공감대 하에 기업의 성공이 소매상의 성공임을 느끼게 하고, '갑과 을'이 아닌 동등한 '친구' 관계로 소매상들의 자발적 헌신을 이끌어냈다.

결국 뉴발란스의 성공에 대한 소매상들의 절대적 기여는 '친구의 마음'으로 상대를 대하는 데이비스의 리더십이 이끌어낸 결과였다.

실제로 처음부터 소매상들이 뉴발란스 제품에 호의적이었던 것은 아니다. 이들은 뉴발란스의 최고 핵심 가치 중 하나인 가로 사이즈 체계를 복잡하다고 느꼈다. 다른 브랜드들은 하나의 사이즈에 맞춰 판매하면 그만인데, 뉴발란스의 신발은 똑같은 길이와 사이즈에도 여러 가로 사이즈들이 따로 있으니 팔기가 까다로웠던 것이다.

재고량과 창고 물량도 문제였다. 같은 사이즈도 가로 사이즈는 모두 다르니 다른 브랜드에 비해 많은 물량을 입고해야 했고, 그것은 자연스레 재고 물량이 많아진다는 것을 의미했다.

짐 데이비스도 이런 고충을 잘 이해하고 있었다. 하지만 가로 사이즈는 뉴발란스의 존립과 관련된 아주 근본적인 가치였던 만큼 이를 포기한다는 건 있을 수 없는 일이었다.

짐 데이비스는 두 가지 방법으로 이 문제를 돌파했다. 하나는 소매상들이 팔기 까다로워도 판매할 수밖에 없는 뛰어난 품질의 신발을 만드는 것, 또 하나는 현장을 돌아다니며 직접 그들을 만나는 것이었다. 그는 방방곡곡 현장마다 소매상들을 만나 뉴발란스의 성공이 그들에게 달려있다고 강조했고, 얼마 안 가 소매상들은 뉴발란스라는 기업이 자신들을 파트너로 보고 있음을 서서히 깨닫기 시작했다.

미국에서 가장 좋은 운동화

물론 뉴발란스의 제품력도 소매상들에게는 큰 매력이었다. 실제로 뉴발란스의 브랜드 가치가 지금 같지 않았던 초창기에도 많은 소매상들이 자진해서 뉴발란스를 판매하는 광경이 데이비스와 경영진의 눈에 자주 목격되곤 했다. 이 자발적인 소매상들은 출신 지역도, 개개인의 특성도 모두 달랐지만 그들이 뉴발란스를 판매하는 이유는 하나였다. 직접 신어본 후 그 품질에 매료됐기 때문이다.

관련된 몇 가지 일화가 있다. 뉴발란스의 첫 N시리즈였던 N320이 출시된 후의 일이었다. 딜러들을 만나기 위해 캘리포니아로 간 짐 데이비스는 그곳에서 존 로쉬혼^{John Loeschhorn}이라는 판매상을 만났는데, 그로부터 꽤 깊은 인상을 받았다. 존 로쉬혼은 다른 소매상들이 가로 사이즈 때문에 눈을 돌릴 때 오히려 그 점에 매력을 느껴 판매에 박차를 강한 경우였다.

 그는 고등학교 때 뛰어난 마일 경주자(마라토너)로 활동했고, 이후에도 육상 클럽에서 활약했다. 그는 데이비스에게 1960년대 자신과 멤버들이 좋은 러닝화를 찾기 위해 동분서주했던 일을 들려주었다. 좋은 제품을 찾기가 워낙 힘들어 맨해튼에 있던 수입 신발 가게까지 가서 신발을 사오곤 했지만 번번이 만족할 수 없었다는 것이다.

 그러던 그가 뉴발란스 소매상으로 변신한 것은 한 육상 경기에서였다. 당시 경기에 참여하면서 트랙스터를 직접 신어본 그는 스스로 뉴발란스 소매상이 되기로 결심했다. 실로 뉴발란스 신발에 대한 그의 신뢰와 충성심은 대단했다. 그의 가게에는 뉴발란스 신발밖에 들이지 않았으며 후에는 이런 가게를 5개까지 확장했다.

 예상치 못한 곳에서 놀라운 딜러를 만난 일은 이 말고도 또 있다. 1976년, 짐 데이비스는 판매 및 마케팅 매니저들과 함께 올림픽 예선 경기 참석차 오리건 주 유진Eugene으로 떠났다. 일을 마치고 호텔로 돌아오는데, 저만치 신발을 차 트렁크 가득 싣고 있는 남자가 보였다. 그는 남자에게 다가가 어떤 신발을 팔고 있는지를 물었다. 남자는 이렇게 대답했다.

"뉴발란스라는 신발인데, 미국에서 가장 좋은 운동화죠."

덧붙여 그는 이 신발에는 가로 사이즈도 있다고 자랑스럽게 말했다. 데이비스 일행은 그 말에 감격할 수밖에 없었다.

뉴발란스의 성장 발판이 된 뉴발란스 컨셉 스토어의 탄생도 이 같은 소매상들 덕분이었다. 뉴발란스 컨셉 스토어는 오직 뉴발란스 제품만을 판매하는 매장으로서, 가장 규모 큰 10개 대리점들의 동의가 없었다면 오픈이 불가능했을 것이다.

사실 이 10개 대리점들은 이미 엄청난 성공을 거머쥐었으니 굳이 뉴발란스에만 의지할 필요가 없었다. 그럼에도 이들은 뉴발란스만 판매해줄 수 있겠냐는 제안에 선뜻 동의했는데, 이는 엄청난 신뢰가 없었다면 불가능한 일이었다.

현재 뉴욕에서만 이 독자적 컨셉 스토어가 100개가 넘는다는 점은 뉴발란스의 브랜드가 가진 가치가 어느 정도인지를 분명하게 보여준다.

쌍방향 소통을 하면 윈윈한다

뉴발란스의 대단한 점은 기업의 규모가 엄청나게 성장한 후에도 기존 파트너십의 가치를 철저히 지켜가고 있다는 데 있다. 대부분의 메이저 기업들이 유통 업체 위에 군림하며 갑과 을의 일방적 관계를 요구하는 것과 달리, '쌍방향' 소통으로 '윈-윈(win-win)'하는 뉴발란스의 커뮤니케이션은 재고의 효율적 관리 측면에서도 효과가 크다는 평가를 받고 있다.

지난 2002년, 나이키가 일방적으로 미국 최다 스포츠 유통업체인 Foot Locker에 최고 인기 제품인 Jordan IX의 공급을 중단해 원성을 산 바 있다. 이 무렵 뉴발란스는 이를 반대급부로 삼아 신속한 대응책을 내놓았다. Foot Locker에서 원하는 종류와 사이즈를 바로 준비해 공급함으로써 보다 큰 신뢰를 쌓는 발판을 마련한 것이다.

또한 미국 전역의 유통 업체들과 제휴를 통한 실시간 재고 관리도 뉴발란스의 커뮤니케이션 정책의 일환이다. 한 예로 각 매장에서 뉴발란스의 특정 모델이 판매되면, 그 데이터가 보스턴에 있는 뉴발란스 본사로 취합되어 품절된 색상과 사이즈의 신발을 즉각 매장으로 보내는 식이다.

이처럼 원활한 소통로가 구축된 것도 소매상들의 건의 덕분이었다. 1990년대 초, 소매상들은 "뉴발란스의 주요 제품들이 항상 재고가 있고, 또한 규칙적으로 채워질 수 있다면 우리와 뉴발란스의 사업은 15%, 20%를 넘어 50%까지 증가할 것"이라고 거듭 이야기했다.

그들의 의견은 옳았다. 본사에서 영업점의 재고 상태를 실시간으로 체크하고 즉각 반응하는 효과적인 재고 관리는 판매와 매출에도 큰 영향을 끼쳤다. 생산자와 유통 업체가 함께 성공하기 위한 탁월한 선택이 일궈낸 결과였다.

직원의 성장을 돕는
학습 프로그램

　뉴발란스의 또 하나의 원인 사례에는 기업과 직원의 관계도 포함된다. 뉴발란스가 표방하는 기업과 직원과의 관계는 '강한 연대감'과 '지속력 있는 생산적인 관계'에 포인트를 두고 있다. 나아가 뉴발란스는 이 가치 달성을 위해 직원들의 잠재력을 키우려는 노력을 아끼지 않는다. 다양한 교육과 개발, 그리고 최선의 삶을 위한 각종 지원들이 그것이다.
　뉴발란스가 이처럼 직원들의 업무적인 성장뿐만 아니라 라이프스타일에서의 발전과 성장에 신경 쓰는 이유는 간단하다. 직원이 행복하고 열정적으로 각자의 일에서 능력을 발휘할 때 뉴발란스도 성장한다고 믿기 때문이다.
　필립 코틀러 역시 그의 저서 『어떻게 성장할 것인가』에서 "기업의 성공은 기업 자체보다 사람에게 더 많이 의존한다"며 "모든 조직은 각각의 이해관계자 집단이 무엇을 중시하는지를 파악한 뒤 그들의 기대를 충족시키기 위해 최선을 다해야 한다"고 말한 바 있다. 『CEO가 원하는 한 가지 능력』의 저자 마커스 버킹햄^{Marcus Buckingham}의 말도 귀 기울여볼 만하다. 그는 "상황이 어떻든지 위대한 리더의 첫 번째 임무는 개개인의 관심사에 대해 생각하는 것이며 개인의 성공을 이끌기 위해 노력해야 한다"고 말했으며, 『리틀 빅 씽』의 톰 피터스도 "모든 비즈니스 리더는 어떤 수준에서 일을 하든지 함께 일하는 직원이 자신의 꿈을 실현할 수 있도록 도와야 한다"고 강조한다. 행복한 직원 없이는 행복한 고객도 있을 수 없고, 나아가 행복한 공동체라는 가치 역시 이뤄낼 수 없다는 것이다.

수평 수직적 업그레이드를 지원하는 학습 프로그램

뉴발란스의 모든 개발 및 학습 프로그램은 직원들의 '성장 욕구'를 서포트하도록 시스템화되어 있다. 이 프로그램은 직원들이 단계별 업무에 대해 차별화된 능력을 키울 수 있도록 마련되었으며, 그 차별화의 내용은 다음과 같은 지향

점을 내재하고 있다.

- 가치를 이끄는 롤 모델 (Values-Driven Role Model)
- 글로벌 전략가 (Global Strategist)
- 결과를 이끄는 리더 (Results-Driven Leader)
- 영감을 주는 재능 개발자 (Inspirational Talent Developer)
- 혁신적인 모험가 (Innovative Risk Taker)
- 전문가 (Professional Expert)

미국 공장 직원들의 경우 이 프로그램에 따라 연간 평균 8시간에서 24시간 동안 훈련을 받는다. 또한 지난 2010년을 기준으로 간부직의 경우 연간 8시간, 중간 관리직 16시간, 전문가 24시간, 시간제 사무직 24시간, 시간제 소매점 노동자 16시간, 시간제 공장 근로자 및 공급업자 16시간 등으로 시행되고 있다.

나아가 이런 교육과 개발은 항상 열려 있는 내부 승진과도 관련이 있다. 교육을 통해 업무 만족도와 성과를 높이는 동시에 위치 업그레이드의 기회까지 제공받는 셈이다. 또한 다른 업무 교육을 이수하면 사내 전직을 할 수 있는 기회도 보장돼 있다.

실제로 사내 전직 케이스도 적지 않다. 지난 2010년의 경우, 총 157개의 사무직 자리가 내부 승진과 전직, 그리고 외부 고용으로 채워졌는데, 이 중 39%에 달하는 61개의 자리가 내부 승진과 사내 전직으로 충원되었다.

다양한 교육 프로그램이 최고의 직원을 만든다

특히 공장 직원들의 트레이닝은 그 방법적 측면에서 아주 특별하다. 이 트레이닝은 크게 두 가지로 나뉜다. 하나는 자긍심을 심어주기 위한 교육, 두 번째는 단계별 교육을 통해 지속적인 성장을 유도하는 교육인데, 미국 노리지웍 Norridgewock 공장의 경우 자긍심을 위한 트레이닝의 하나로 교실 모델을 시행하고 있다.

교실 모델이란 말 그대로 직원들이 모여 자신들의 업무와 관련된 주제로 논의를 하고 공유하는 하나의 '교실' 같은 학습 방식으로, 에드워드 러셀 월링 Edward Russell-Walling 이 『경영의 탄생』에서 거론한 '학습 조직'을 모델로 만들었다.

러셀 월링은 이 학습 조직에 대해 다음과 같이 설명한다.

"조직은 개인뿐만 아니라 조직 '자체'로서도 학습을 하며 그 학습을 유지시켜 나간다. …… 학습조직이란 …… 사람들이 원하는 결과를 만들어내기 위해 자신의 능력을 꾸준히 신장시키는 조직, 새롭고 확장된 사고의 패턴을 육성하는 조직, 떠오르는 영감을 자유롭게 설정하고 사람들이 전체를 보기 위해 꾸준하게 학습하는 조직이다."

 교실 모델과 함께 일대일 코칭도 실시된다. 직원마다 각 분기별로 감독자와 30분 동안 일대일 상담을 진행하면서 성과에 대한 피드백과 능력개발 지도를 받는 것이다. 또한 매주 회사는 '최고의 상태로 일터에 오기', '린^{Lean}에 대한 이해', '소통', '환원'과 같은 주제의 20여 개가 넘는 오리엔테이션 프로그램을 운영하는 등 가치 중심의 리더십 프로그램도 실행되고 있다.
 나아가 'NB 단계'라는 훈련 프로그램도 있다. 직원들에게 두 가지 이상의 업무를 훈련하도록 해서 내부 전직 기회를 제공하는 것이다. 그 예로 지난 2008년 뉴발란스는 로렌스^{Lawrence}와 노리지워 공장에 학습 센터를 설립했다. 센터 내에는 제조 기술 훈련과 직원 교육을 위한 작은 규모의 신발 제조 시설이 설치돼 있는데, 이곳에서는 총 4단계에 해당하는 'NB단계' 교육을 실시한다.

첫 단계에서는 시각적 교재를 사용해 제조 과정에 필요한 모든 재료와 기계에 대한 지식을 익히는 과정, 두 번째 단계에서는 각각의 기계와 판독에 필요한 기술 등에 대한 기본 훈련이 이뤄진다. 세 번째 단계에서는 각 제조 단계의 운영 순서에 대한 훈련, 네 번째 단계에서는 효율적이고 규격화된 업무를 습득하게 된다. 각 단계마다 테스트를 거친 뒤 다음 단계로 진행하는 이 훈련은 자기 업무 외 다른 제조 과정을 이해하는 데 효과적인 만큼 생산성을 높이는 일과도 무관하지 않다.

업무 선장과 삶의 질 향상이 함께 간다

나아가 뉴발란스 프로그램은 업무적 성장에만 치중하는 것이 아니라 건강한 라이프스타일을 동시에 추구한다. 이 부분의 프로그램도 내용과 혜택이 다양한데, 대표적으로 건강과 부(富), 자립 등을 지원하는 '라이프밸런스 프로그램'을 들 수 있다. 또한 만보기를 이용한 코칭 프로그램인 '다이렉트 라이프'에서는 피트니스 비용 지원 및 스포츠 경기 참관 비용 후원, 금연 도우미, 사무실 내 워킹 워크스테이션의 설치, 미니 체육관, 아이 돌보기 지원, 재무 계획 지원 등 지극히 세세한 내용에 이르기까지 세심하게 배려한다.

나아가 이런 지원과 혜택은 미국 내 본사와 공장들뿐만 아니라 글로벌 공장 직원들에게도 마찬가지로 제공된다. 한 예로, 뉴발란스의 베트남 파트너사인 'Sam Ho'의 경우, 현지 상점에서 유제품, 화장품, 쌀, 설탕 등과 같은 물품을 대량 구매해 직원들이 이를 시중가보다 싸거나 안정된 가격으로 살 수 있도록 함으로써 일종의 경제적 지원을 하고 있다.

또한 베트남 Sam Ho와 중국에 위치한 대만계 협력사인 Freetrend 공장에서는 근로자에게 보육원 프로그램을 제공하고 있는데, 적은 비용으로 아이들을 안전하고 건강한 환경에 맡길 수 있고 근로자도 마음 놓고 업무에 몰두할 수 있게 되는 등 큰 효과를 거두고 있다.

실로, 이런 지원들 덕분에 뉴발란스에는 유독 장기근속 직원이 많다. 뉴발란스 직원들의 평균 근속 연수는 공장 노동자의 경우 8.4년으로, 이는 2010년 미국 내 평균치의 2배에 해당되며, 심지어 가족 3대가 근속한 경우가 있을 정도로 직원들의 충성도가 높다.

상대적으로 긴 근속 연수는 낮은 이직률과도 직결된다. 뉴발란스의 이직률은 미국 내 모든 산업 부분의 평균보다 낮다. 2010년 미국 노동 통계국의 취업 가능 일자리와 근

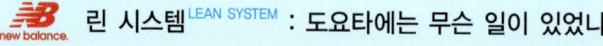 린 시스템^{LEAN SYSTEM} : 도요타에는 무슨 일이 있었나

뉴발란스를 이해하려면 '린'^{LEAN}이라는 단어를 알아야 한다. 린이란 우리 말로 '군살이 없는'이라는 뜻으로서, 경영과 생산 현장에 접목되면 '낭비의 제거'라는 말로 대체할 수 있다. 즉 낭비 없이 빠르게 효율적인 것만 남기는 것으로 구매에서 생산, 관리, 판매, 물류에 이르는 전사적 과정에서 생산성을 제고한다는 개념이다.

린 시스템은 일본의 자동차 기업인 도요타의 생산 방식에서 시작된 시스템으로서, 'JIT'^{Just In Time}라는 '적시공급' 체제가 그 원형이다. 도요타는 진입 장벽 높은 세계 자동차 산업에 뛰어들어야 했던 만큼, 부품도 완제품도 재고를 쌓아두지 않는 길을 택했고, 불필요한 여분의 생산을 막기 위해 필요한 부품을 필요한 때 필요한 양만큼 생산하는 방식을 추구했다. '재고가 많아질수록 회사는 필요한 것을 점점 더 가질 수 없게 된다'는 도요타 생산방식^{TPS}의 창시자 오노 다이치 전 도요타 부사장의 말이 그 원류다.

1차 오일쇼크 이후 미국의 빅3(포드, GM, 크라이슬러) 자동차 업체의 판매가 급감할 때 도요타는 오히려 판매가 증가하는 기염을 토한 것도 이 시스템 덕분이었으며, 미국을 비롯해 전 세계가 도요타의 특별함에 관심을 갖게 된 것도 이 시기였다.

미국의 제조업자들은 대체 도요타에서 무슨 일이 일어나고 있는지 궁금해했고, MTI 공대를 주축으로 도요타를 방문해 노하우를 배우고자 했다. 그리고 이 연구를 기반으로 탄생한 것이 바로 '린 시스템'이다.

'린 시스템'이란 단어가 처음 사용된 것은 1990년, 경영학자인 제임스 워맥$^{James\ Womack}$과 대니얼 존스$^{Daniel\ Jones}$가 미국과 일본의 자동차 산업 간의 차이를 거론한 책 『세계를 바꾼 기계』가 출간되고 나서였다. 이후 1996년 MIT를 중심으로 도요타 생산 방식인 TPS를 미국에 맞게 이를 재구성했고, 그렇게 해서 '린 시스템'이라는 이름이 탄생했다.

한 가지 기억해야 할 점은 이 시스템은 언뜻 낭비의 제거, 효율성 등이 핵심인 듯 보이지만 사실상 가장 중요한 건 '사람'이라는 점이다. 풀어 말하자면, 낭비를 없애는 것은 결국 사람이며, 낭비를 확인하고 개선하는 직원들이 있어야 이 시스템은 굴러가는 것이다.

그런 면에서 뉴발란스가 추구한 린 시스템은 적확했다. 본사는 직원들이 끊임없이 '린'에 대해 이해할 수 있도록 다양한 방식으로 도왔고, 결과적으로 이것이 직원들의 자발적인 노력을 이끌어내 낭비율의 절대적인 감소, 효율성 극대화를 이뤄낼 수 있었다.

로자 이직 조사Job Openings and Labor Turnover Survey 결과, 비내구성 소비재 제조업 생산 부문에서는 미국 전체 이직률이 35.1%인 데 반해 뉴발란스의 이직률은 12.0%로 약 1/3 수준이었고, 소매업 부문의 이직률은 뉴발란스가 41.7%로 미국 전체의 43.8%보다 약간 낮은 수치였으며, 도매업 사무직 부문은 8.8%로 미국 전체 24.7%의 약 1/3 수준으로 현격히 낮았다.

나아가 이처럼 낮은 이직률이 생산성을 높이는 데 기여하는 것은 당연한 일이다. 장기근속자들이 많아지면서 숙련된 기술자들이 많아지면, 더불어 생산성이 높아지는 선순환 구조가 형성될 수밖에 없는 것이다.

장기 근속자와
혁신 제품의 관계

"우리는 반드시 안전하고 건강한 근무 환경을 만들어 배움과 개발을 장려하고, 지속 가능한 경영 관행을 선도하며 성실하고 인류적인 운영을 펼치고, 우리의 고객과 지역사회의 건강과 웰빙에 기여한다."

뉴발란스에게 건강한 근무 환경은 매우 중요한 문제다. 직원과 함께 발전하려면 반드시 실현되어야 하는 문제일 뿐 아니라 뉴발란스가 궁극적으로 지향하는 가치, 즉 고객과 사회에 기여한다는 신념의 기본 과제이기 때문이다. 또한 본사 직원들뿐만이 아니라 직영 공장들, 계약 파트너 공장들의 직원들에게도 적절한 생산 활동과 환경 기준을 제공해야 했다.

뉴발란스는 다음과 같은 부분에 초점을 두었다. 관련된 모든 사회적 법규를 확인하고, 그에 따른 훈련과 지도를 제공할 것, 감사를 실행하고 공장 관리자와 협업해 성과에 대한 피드백을 한 후 조치를 취할 것, 개선 과정을 감시하고 필요에 따라 지원을 아끼지 않지만 그럼에도 개선되지 않을 때는 관계를 끊을 것. 이 모두가 뉴발란스의 역할에 포함돼 있다.

나아가 미국 내 생산 환경과 글로벌 생산 환경의 차이를 인식하고 각각 다른 기준을 적용한 것도 현명한 처사였다.

사고는 미연에 방지한다

뉴발란스 생산 현장의 안전 프로그램은 세계 최고 수준으로 평가받고 있다. 또한 뉴발란스는 좋은 환경을 지속적으로 유지하고 환경을 발전시키려면 실제로 근무 여건을 경험하는 노동자들의 의견이 중요하다고 여겨 다양한 방식으로 노동자들을 참여시키고 있다.

그중 하나가 보고와 책임 시스템이다. 뉴발란스 공장들은 직원들이 어떠한 위험 상황이나 행동에 대해 보고하도록 하

	2005	2006	2007	2008	2009	2010
총 발생비용	$847,262	$794,270	$632,713	$492,841	$447,637	$335,165

ⓒ New Balance

  고 이에 대해 책임을 지도록 하고 있다. 이 프로그램에 따르면 실제 사고나 피해가 없다 해도 위험 상황이라 판단되는 모든 경우를 보고하도록 되어 있는데, 그 핵심은 책임 이전에 사건 경위 보고를 적극적으로 유도해 사건 발생 전에 대책을 강구하겠다는 것이다.

  또한 뉴발란스는 미 연방 정부의 직업 안전 및 보건 법령에 기록돼 있는 연간 사고를 검토하고 이를 안전 수행의 전략적 지표로 사용해 사고를 방지함으로써 5년 사이에 업무 상해가 60% 이상 기하급수적으로 감소했다.

그래프를 보면, 뉴발란스의 상해 처리 비용이 2005년 84만 7,262달러 한화에서 지속적으로 감소해 2010년에는 33만 5,165달러 한화로 급감했고, '직업 안전 및 보건 법령'(OSHA)에 기록된 부상 건수도 2005년 150건 이상이던 것이 2010년에는 60건 아래로 현저히 줄어든 것을 확인할 수 있다.

뿐만 아니라 전기 안전을 위한 모범 실무와 표준운영절차를 만들어 전류가 흐르는 전기회로 근처에서 근무할 때 가이드라인을 제시하는 등 특정 내용을 담은 새로운 사전 안전 대책 프로그램을 공장과 인접 지역에 적용시키기도 했다. 이는 어떤 특정 상황에서 문제가 발생하기 전에 예방하기 위한 차원으로, 필요에 따라서는 의료진의 소견을 덧붙이기도 했다.

근로자들의 상해를 줄이기 위한 방편으로 종합 프로그램을 도입한 것도 효과적이었다. 이는 신발 공장에서 불가피하게 반복되는 작업 때문에 발생하는 근골격 부상을 줄이기 위한 조치였다.

뉴발란스의 사회적 규정 준수

'사회적 규정 준수 감사팀'Social Compliance Team 의 발족도 뉴발란스의 '보고 문화'를 그 이상의 적극적인 참여로 이끄는 데 기여했다.

이 감사팀은 미국뿐만 아니라 1990년대 후반부터 계약 공급 업체들에 직원들의 근무 환경에 대한 사회적 법규를 적용하기 위해 탄생한 것으로, 2004년에는 관련 프로그램을 개발하고 실행할 직원을 고용해 2006년에는 이 프로그램을 의류와 액세서리, 라이센스 제품 분야까지 확장시켰다. 이는 안전하고 건강하고 믿을 만한 근무 환경을 직원들에게 제공하기 위한 조치로서, 현재 10명으로 구성된 사회적 규정 준수 감사팀 중에 2명은 미국을, 1명은 홍콩을, 1명은 베트남을, 그리고 나머지 6명은 중국을 담당하고 있다.

다만 초기에는 담당 직원이 핵심 공장들(뉴발란스 제품이 공장 가동률의 100%인 곳)이 있는 중국과 베트남에 배치되어 직접 근무 조건을 감독했으나, 이후 이를 보고와 협의 방식으로 변경했다. 근무시간, 임금, 이직과 함께 다른 법적 문제들에 대한 월별 성과를 보고하도록 한 후 그 데이터를 분석해 행동 규범을 관찰하는 식이다.

한편 비핵심적인 신발 공장, 의류 공장, 라이센스 업체, 다른 공급 업체 등 뉴발란스 관련 비즈니스가 100%가 아닌 공장들에 대해서는 사회적 법규 프로그램이 '감사-개선-감사' 모델로 사용되고 있다. 근무 조건들이 최소 기준에 부합되는지를 확인하고, 문제가 발견되면 이를 개선하도록 지원하는 것이다.

결국 이 준법 프로그램의 궁극적 목표는 각 공장들이 튼튼한 내부 조직을 구축해 모든 분야의 사회적 법규를 이행하도록 하는 것이다. 이에 따라 각 공장들도 관리자 아래 근로자 대표 위원회와 근로자 협회, 그 하위에 근무시간 감사팀, 인사 및 인력팀, 불만 사항 담당팀, 직원 상담팀, 직원 레크리에이션팀 등을 두어 내부 조직을 강화하고 있다.

한편 신발과 의류 계약 공장에서는 연간 감사를 진행한다. 처음에는 주요 신발창 공급 업체들만 대상으로 하다가 차후 다른 주요 재료 공급업체로까지 이를 확장했다. 감사에 대한 후속 조치도 염두에 두어 감사 때 발견된 문제점들이 어떤 과정으로 어떻게 개선되었는지를 확인하는 과정까지 포함시켰다. 얼마나 '완벽한' 공장인지를 측정하는 것이 아니라, 반복적으로 나타나는 잘못된 사태들에 대한 '개선'을 지속적으로 지원하는 것이다.

관련된 사례가 하나 있다. 2010년 감사에서 14세 소녀가 중국 뉴발란스 공급 업체 공장에서 일했다는 사실이 밝혀졌다. 미성년 직원 고용은 뉴발란스 공급업체행동 규범에 위배되는 행위였다. 뉴발란스 사회적 규정 준수 감사팀은 이 소녀의 신원을 확인해 그녀의 어머니도 같은 공장에서 근무하고 있음을 알게 됐다.

뉴발란스 본사는 공장 관리인 실무와 법적 미성년 노동자 고용에 대한 법적 의미에 대해 다양한 논의를 진행했고, 결국 공장이 이 비도덕적인 고용에 대한 책임을 져야 한다고 판단했다. 그 결과 감사팀은 공장 관리자로 하여금 심사 과정을 향상시켜 새로 고용되는 근로자에 대해 반드시 법적 연령을 지키도록 했으며, 소녀를 업무 현장에서 퇴사시킨 뒤 현지 직업 고등학교를 가도록 했다. 이에 대한 비용은 공장 관리자가 지불하도록 조치했다.

국제기구와 협력하는 높은 수준의 사회 법규 실행

엄격한 사회적 규정의 준수는 기업 혼자만의 힘으로는 불가능하다. 뉴발란스가 1990년대부터 다른 기관 및 단체들과 긴밀한 관계를 유지한 것도 이 때문이다. 다른 기업, 대학교, 비영리기관과 연합함으로써 공급 업체가 있는 국가의 근무 조건이 개선될 수 있도록 힘을 합친 것이다.

현재 미국공정노동협회[FLA], 국제노동기구[ILO] 등이 뉴발란스의 대표적 협력 기관들이다. 2010년 뉴발란스는 대학 기관, NGO, 브랜드 기업 등 다양한 이해관계자들로 구성된 미국 공정 노동 협회에 가입함으로써 FLA의 기업 의무를 수용하고 벤치마킹을 통해 관련 프로그램 강화에 박차를 가했다. 공급 업체들에게도 높은 기준을 준수케 하고 그에 따른 감사 방법과 자기 평가의 방법을 제공하기 시작한 것이다. 더불어 FLA에 속한 다른 회사들의 사회적 법규 경험을 습득하고, 업계가 직면한 난제들을 함께 논의하는 등 그 책임과 의무를 다하고 있다.

뿐만 아니라 뉴발란스는 국제노동기구[ILO]의 기본 조약을 준수하며 ILO의 다양한 프로그램에도 참여하고 있다. 2010년, 뉴발란스는 ILO의 '보다 나은 직장 프로그램'[Better Work Program]의 국제 구매자(바이어) 원칙에 서명했다. 이 프로그램은 '더 나은 공장 캄보디아'[Better Factories Cambodia] 프로그램과 함께 ILO, 국제금융공사(IFC)와 파트너십을 맺어 정부, 근로자, 기업이 ILO의 핵심 노사 기준과 국내 노사 관련 법에 의거한 법규를 따를 수 있도록 돕고 있다. 뉴발란스는 ILO '더 나은 캄보디아 공장'BFC'과 베트남, 요르단, 인도네시아, 아이티의 '더 나은 직장 프로그램'BWP'에 활발하게 참여하고 있다.

사회적 법규의 실행은 뉴발란스의 과거이자 현재이며, 미래에도 지속될 이야기이다. 뉴발란스는 2020년 사회적 법규 실행을 위한 비전으로 뉴발란스 제품 전체 공급망에 해당하는 뉴발란스 소유의 업체들, 계약 업체들, 그리고 원료 공급 업체에까지 통합적인 관리와 법규 프로그램을 적용하겠다는 계획을 세웠으며, 이 분야의 리더로 성장해 문제들과 대면함으로써 궁극적으로 세계적 수준의 법규를 달성하겠다는 의지를 다지고 있다.

달리는 사람들을 위한
글로벌 기업

뉴발란스는 달리고 있는, 또는 달리고 싶어 하는 사람들을 위한 기업으로 인식되고 있다. 1970년대에 들어서면서 건강과 즐거움을 위한 달리기가 폭발적인 인기를 끌었다. 그런 면에서 뉴발란스는 '이보다 더 좋을 수 없는' 타이밍의 수혜자이기도 했다. 뉴발란스가 새로운 모델 320을 시장에 내놓은 시기는 말 그대로 '러너의 시대'였다. 달리기의 인기가 점차 상승하고, 1976년 몬트리올에서 열린 하계 올림픽이 미국 전역에 운동 열풍을 불러일으킨 시기였다. 게다가 1977년 말에 출간된 짐 픽스[Jim Fixx]의 저서 『The Complete Book of Running』(달리기의 모든 것)가 앞으로 몇 세기나 지속될 달리기에 관한 영감을 수많은 사람들에게 처음 불어

넣은 시기이기도 했다.

러너들의 로망으로 떠오른 N320

320은 그야말로 달리기에 적합한 장비였다. 가볍고 컬러풀했으며 기능적인 면에서도 뛰어났다. 전통적인 뉴발란스 디자인을 살리면서도 밑창은 새로이 하고 신발 위쪽 부분을 나일론으로 덮어 가벼움과 편안함을 더했다. 뉴발란스의 특장점인 가로 사이즈가 적용된 건 물론이다.

320 러닝화는 결과적으로 뉴발란스에게 엄청난 매출 신장을 안겨주었다. 1975년에는 뉴욕 마라톤 대회 우승자 톰 플레밍[Tom Fleming]이 이 러닝화를 신고 우승한 뒤 "짐, 뉴발란스가 최고입니다."라는 사인을 남기기도 했다. 그 다음해인 1976년 10월에는 세계적인 러닝 잡지 『Runner's World』가 개최한 'Runner's World Awards'에서 최고의 러닝화로 선정되었다. 보다 안정감 있게 넓어진 굽, 신발 앞쪽의 쿠션, 그리고 가로 사이즈 등이 선정 이유였다.

이 시기에 320이 얻은 엄청난 인기와 명예는 1960년대 트랙스터 출시 이후 뉴발란스가 또 한 번 경험한 가장 영광스러운 순간일 것이다. 매출이 순식간에 130만 달러로 치솟아

■ 톰 플레밍은 1975년 뉴욕 마라톤대회에서 뉴발란스 320s를 신고 달렸다. ⓒ New Balance

제작 공간을 늘려야 했기 때문에 워터타운에서 보스턴 에버렛스트리트 Everett Street 로 이전했다.

당시 데이비스와 50명의 직원들은 포드 트럭으로 모든 짐을 옮긴 다음 새 공장에서 하루 200켤레의 신발을 만들어냈는데, 그럼에도 쏟아지는 주문을 감당할 수 없었다. 전화와

전보로 계속해서 주문이 쏟아져다. 그야말로 모든 사람들이 320을 갖고 싶어 하는 것처럼 보였다. 당시 320의 가격은 23.5달러였는데, 경제적으로 부담이 되는 소비자들은 그보다 조금 저렴한 220을 주문했다.

생산량이 기하급수적으로 늘어나 1976년 12월에는 하루 500켤레, 1977년 말에는 하루 1,625켤레 생산에 도달했다. 또한 무려 10만 켤레의 이월 주문이 쌓였다. 당시 마케팅 매니저였던 조지 버드송$^{George\ Birdsong}$은 빠른 속도로 제품이 배송되는 현장을 보며 이렇게 말했다고 한다.

"접착제가 아직 마르지도 않았군요."

존 윌슨 또한 "N로고를 박는 직원만 50명이었다"고 그 시절을 기억한다.

갑자기 생산량이 많아졌지만 제품력은 그대로 유지되었는데, 이와 관련해 짐 데이비스는 경험이 풍부한 제화공들을 많이 고용할 수 있었던 점이 '행운'으로 작용했다고 회고한다. 그렇게 뉴발란스는 꾸준히 순항을 계속했다.

2010년 7월 국내에서는 탁월한 경량성과 쿠셔닝으로 70년대 최고의 운동화였던 N320운동화를 오리지널로 복원하여 판매하기도 하였다.

콧등 가죽 바깥쪽으로 이동을 줄이고 더욱 꽉 차게 설계된 안심

등가죽 정확한 치수를 고려하고 중족골 부분에 적합한 자유를 제공한다.

나팔 모양으로 벌어진 발뒤꿈치

쐐기 모양 중창 발뒤꿈치를 올려서 발뒤꿈치에 주는 충격을 줄이고 무게를 앞으로 유지한다.

바깥창 내구성이 강하고, 유연하고, 가벼운 재료

아킬레스건 패드

아치쿠션 폴리우레탄 발포 고무가 버팀대와 아치에 주입된다.

안창 부드럽게 4줄로 뺀은 나일론 가죽 바닥으로 된 발포 고무가 마찰을 줄인다.

발뒤꿈치 받침대 발뒤꿈치의 회전, 바깥쪽으로 내려가는 것을 막아서 염증과 물집을 예방한다. 발에 대한 압력을 지탱하고 회내 작용을 줄인다.

▎320은 현대적인 디자인을 가미한 운동화 브랜드로 대중들에게 뉴발란스를 알렸다.

ⓒ New Balance

320, 글로벌 시장으로 진출하다

뉴발란스의 해외 진출도 320의 명성 덕에 가능했다. 뉴발란스는 1975년 4월 23일 매사추세츠 워터타운 벨몬트스트리트에 뉴발란스 인터내셔널^{New Balance International, Inc.}을 설립했다. 뉴발란스는 1976년부터 1986년까지 다양한 글로벌 시장으로 뻗어나갔다.

늘 그랬듯이 뉴발란스의 글로벌 확장도 많은 사람의 도움으로 이루어졌다. 보 닐센^{Bo Nielsen}, 크리스 브래셔^{Chris Brasher}, 노엘 타미니^{Noel Tamini}, 그리고 슈헤이 쿠라타^{Shuhei Kurata} 등이 바로 그들이다. 스포츠를 좋아하는 덴마크 사람 보 닐센은 뉴발란스를 유럽에 처음 소개했고, 스위스의 출판인 노엘 타미니는 스위스에서 인지도와 판매 확장을 담당했으며, 일본에서 신발 제조업에 종사하고 있었던 슈헤이 쿠라타는 일본에 뉴발란스를 전파했다.

보 닐센의 인생에는 스포츠가 항상 큰 자리를 차지했다. 18살 때부터 달리기를 시작한 닐슨은 1976년에는 일하던 학교를 휴직하고 몬트리올로 날아가 올림픽을 관전할 정도로 달리기에 푹 빠져 있었다. 올림픽이 끝나고서는 몇 달간 미국을 여행했는데, 미국에는 어떤 러닝화들이 있나 궁금한 마음에 처음으로 『Runner's World』 잡지를 사보게 되었다. 거기에는 나이키^{Nike}, 브룩스^{Brooks}, 뉴발란스 같은 브랜드가 소개되어 있었는데, 모두가 그에게는 낯선, 유럽에는 발매되지 않은 브랜드들이었다.

어느 날, 보 닐센은 샌디에이고에 있는 친구를 만나러 갔다가 뉴발란스를 팔고 있는 사람을 소개받았고, 큰 기대감으로 찾아간 그 자리에서 단박에 뉴발란스의 가로 사이즈에 마음을 빼앗겼다. 사실상 가로 사이즈에 대해 아는 바가 없었음에도 '8개의 다른 가로 사이즈'^{available in 8 different widths}라는 온라인 광고의 한 줄을 보고 뉴발란스의 특별함을 알아차린 것이다. 그가 덴마크에 뉴발란스를 선보이기로 한 것도 이 가로 사이즈 때문이었다.

보 닐센이 덴마크에 뉴발란스를 선보인 시점은 그야말로 신이 내린 타이밍이었다. 같은 주에 『Runner's World』 매거진이 뉴발란스를 최고의 러닝화로 선정한 덕이었다. 그가 덴마크로 가져간 25켤레의 첫 320 제품은 클럽 지인들 안에서 곧바로 소진됐으며, 빠르게 입소문이 퍼져나간 덕에 며칠 만에 주문이 밀려들어 무려 200개의 주문이 쌓일 정도였다. 실로 덴마크의 모든 러너들이 뉴발란스를 신고 달리기를 원했다. 이후, 덴마크 시장에서 뉴발란스의 인기는 1982

년에는 코펜하겐 마라톤에서 23%의 시장 점유율을 보일 정도로 엄청난 속도로 치솟았다.

스위스 상황도 다르지 않았다. 스포츠 매거진 『Spiridon』을 프랑스, 스위스, 벨기에, 이탈리아, 스페인, 포르투갈 등에 배포하고 있던 노엘 타미니는 뉴발란스 320의 성공을 목격한 뒤 자신의 독자들에게도 뉴발란스를 소개하기로 했다. 그래서 짐 데이비스를 스위스에 있는 잡지 본사로 초대했는데, 우연인지 짐 데이비스의 아버지 이름이 그의 잡지 이름 'Spiridon'과 같다는 점에 더 깊은 인상을 얻었다고 한다. 데이비스를 만난 뒤 타미니는 뉴발란스의 전도사가 되기로 결심했고, 자신의 잡지를 통해 뉴발란스를 홍보함으로써 몇천 켤레의 뉴발란스 신발을 순식간에 판매했다.

노엘 타미니 역시 뉴발란스의 매력 포인트로 가로 사이즈를 꼽는다. 그의 표현에 따르면 가로 사이즈는 러너들에게는 하나의 혁명이었다. 1977년 3월 매년 스위스에서 열리는 21km 경주에서 그는 선수들의 발 가로 사이즈를 잴 수 있는 별도 스테이션을 만들었는데, 경기를 끝낸 선수들이 앞 다투어 달려와 자신의 발 가로 사이즈를 쟀고, 그날 타미니는 불과 90분 만에 75켤레의 뉴발란스를 주문받았다고 한다.

일본 시장은 다소 난항을 겪었다. 일본인의 발은 미국인과 유럽인들의 평균적인 발보다 발등이 높고 발 너비도 넓었다. 일본인의 신발은 일본식으로 제작해야 한다는 일본 제화공들의 전통적인 식견도 걸림돌이었다. 그러나 뉴발란스 320은 그 관념을 여지없이 깨버렸다.

일본 제화 회사 문스타The Moon Star에서 일하고 있던 슈헤이 쿠라타는 자신들의 신발을 미국식으로 만들고 싶어 했다. 그는 뉴발란스와 라이선스 계약을 시도했지만, 5년 계약에 연간 3000켤레 생산이라는 소규모 계약이라 쉽게 성사되지 않았다. 이에 슈헤이 쿠라타는 미국과 일본은 시장 상황과 규모가 다르고 저장 공간에도 한계가 있으며, 가로 사이즈에 대한 반대 의견이 있다는 점을 차분히 설명했다.

이에 짐 데이비스는 2년 계약을 제시한 뒤 문스타에서 제작한 뉴발란스 제품을 직접 신고 달려본 후 솔직한 평가를 내놓았다. 신발의 통풍성은 미국 제조 제품보다 좋다는 평과 함께, 중간 밑창이 좀 더 가벼워야 한다고 지적한 것이다. 그렇게 모든 의견을 반영해 일본에서도 뉴발란스 320이 탄생했다.

우려와 달리 시장 반응은 뜨거웠다. 훗날 슈헤이 쿠라타는 '뉴발란스 저팬'의 가공할 성공에는 '유명한 것보다 독특한 것'을 중시했던 신념을 꼽는다.

"대개 판매율을 높이기 위해 저렴한 가격이나 유행이 중요하다고 생각하죠. 하지만 그럴 시, 장기적으로 그 제품은 정체성을 잃어버릴 수밖에 없습니다."

개발도상국을 거점으로 더 큰 세계로 나아가다

그렇게 뉴발란스의 글로벌 진출은 성공적으로 이루어졌다. 회사 인수 당시 가졌던 짐 데이비스의 기대와 꿈이 현실

> 뉴발란스는 1970년대 후반부터 기업 문화 형성에도 힘을 쏟았다. 이 부분은 훗날 짐 데이비스 회장의 부인이 된 앤 헤이즈(Anne Hays)의 역할이 컸다. 1977년, 뉴발란스는 직원 수가 50여 명으로 늘어나자 인사부 매니저가 필요해졌고, 이전 몇 해 동안 사무실 매니저로 일했던 앤이 면접에 지원했다.
> 당시 데이비스는 그녀가 내성적이고 조용하다는 점에서 인사부 매니저에 어울리지 않는다고 판단했다. 그녀는 누가 봐도 실로 조용한 성격임이 분명했다. 하지만 아라비아어, 프랑스어, 그리고 스페인어로 자연스러운 대화가 가능했고, 라틴어와 그리스어까지 공부했던 터라 글로벌 진출에 큰 도움이 될 재목이었다.
> 뿐만 아니라 그녀는 짐 데이비스와 마찬가지로 보스턴 남부에서 자랐고, 그녀의 아버지 역시 보스턴 주변에서 식당들은 운영했다는 공통점을 가지고 있었다. 시간이 지나면서 그녀는 뉴발란스의 기업 문화에서 매우 중요한 존재로 떠올랐고, 1983년 짐 데이비스와 결혼했다. 결혼 이후 앤 데이비스는 경영에 보다 적극적으로 참여하면서 지금까지도 뉴발란스의 내적 외적 성장에 큰 기여를 하고 있다.

로 다가온 것이다.

뉴발란스가 보다 국제적인 시장을 노리고 개발도상국 거점 제품 생산을 확대하기 시작한 것도 이 즈음부터다. 1987년, 뉴발란스는 보하이무역회사$^{Bohai\ Trading\ Company}$와 계약을 해 베이징 근처에 공장을 설립했고, 그로부터 3년 뒤에는 중국 남쪽 푸젠 공장과 신발 밑창 제조 계약을 했다. 현재 중국에는 총 4개의 뉴발란스 신발 및 관련 제품 제조 공장이 있으며, 베트남과 인도네시아도 일련의 공장들이 있다.

우리의 목표는
최고가 아닌 최선이다

1990년대 이후, 뉴발란스는 나이키, 리복, 아디다스에 뒤지지 않는 브랜드로 성장했다. 뉴발란스 직원들은 도시 곳곳에서 N 로고가 선명히 박힌 운동화를 신은 사람들을 목격하면서 자신들의 달라진 위치를 실감할 수 있었다. 급격하게 치솟은 판매액 역시 이를 잘 보여주고 있었다. 1996년 뉴발란스는 판매액이 4억 7,400만 달러를 달성하면서 전 세계 운동화 업계의 톱 6위 안으로 진입했다.

그 무렵 짐 데이비스는 더 원대한 꿈을 꾸고 있었다. 그가 1996년 열린 국제 판매 회의에서 2000년까지 10억 달러의 판매액을 올리겠다고 밝혔을 때, 모두가 놀라지 않을 수 없었다. 다들 회사 발전 속도에 가속도가 붙었다는 건 체감하고 있었지만, 10억 달러의 매출이란 지난 4년간 3배로 늘어난 매출에 다시 곱하기 2를 해야 한다는 의미였다.

10억 달러 매출 달성의 꿈

짐 데이비스가 목표 판매액을 공개하기 전부터, 앤 데이비스는 남편을 도와 기업 문화를 바꾸는 데 전력을 기울이고 있었다. 그녀는 다음과 같이 말했다.

"바라는 목표를 이루기 위해 우리가 서로를 얼마나 필요로 하는지 알지 못한다면, 뉴발란스의 미래는 없습니다. 이 목표는 뉴발란스를 위한 목표이자, 동시에 우리 자신과 우리의 가족들을 위한 목표입니다."

그녀는 한 기업의 목표는 모두 힘을 합칠 때만이 이뤄낼 수 있으며, 이는 단순히 경영자만을 위한 것이 아니라 직원도 함께 공유하는 가치, 함께 누리는 미래라고 강조했다. 비단 발언뿐만 아니라 실질적인 조직 운영도 함께 이뤄졌다. 소규모 팀제를 운영해 가족 같은 분위기를 유지하고, 서로에 대한 존중을 키웠다. 그렇게 직원 스스로 제품과 회사의 발전을 자신의 일처럼 생각하는 기업 문화가 서서히 정착되고 있었다.

2000년, 보스턴에 있던 뉴발란스 인터내셔널 본사를 브라이튼으로 이전한 일은 뉴발란스의 눈부신 성장을 잘 보여준다. 매사추세츠 턴파이크를 바라보고 있는 이 빌딩은 보스턴 서쪽에서 이동하는 모든 관광객들의 시야에 들어오는 위치에 자리 잡으면서 이 지역의 상징적 존재와 다름없었다.

그리고 얼마 후, 짐 데이비스의 바람대로 뉴발란스는 10억 달러 매출 달성이 현실로 다가오는 것을 목격할 수 있었다. 미국 시장에서 러닝화 2위, 워킹화 1위를 차지한 뉴발란스는 나이키에 이어 전체 시장 점유율 2위로 올라섰고, 세계 4대 스포츠 브랜드로 성장했다.

한편 세계에서 인정받는 브랜드들을 인수 합병함으로써 사업을 다각화하고 고객의 니즈를 충족시키며 영향력을 키워나갔다. 가로 사이즈와 품질 좋은 수공예로 인정받아 온 던햄부트메이커[Dunham Bootmakers]를 1998년 인수한 데 이어, 2001년에는 피에프플라이어[PF Flyer]를 인수했으며, 2004년에는 워리어라크로스[Warrior Lacrosse]를 합병했다. 또한 같은 해 품격 있는 여성을 위한 브랜드 아라본[Aravon]을 출시하기도 했다.

무조건적인 이윤 추구를 넘어

뉴발란스는 운동화 산업의 리더로 성공하고도 '더 훌륭한 기업'이 되기를 소망했다. 무조건적인 이윤 추구는 뉴발란스의 목표가 아니었다. 뉴발란스의 지향점은 품질과 진실성에서 그 어떤 것과 타협하지 않고도 이윤을 남길 수 있는 성장이었다.

그런 면에서 뉴발란스 탄생 100주년을 맞은 2006년, 짐 데이비스가 선포한 새로운 비전은 주목할 만하다. 그는 뉴발란스의 목표는 "가장 큰 회사가 되는 것이 아니라, 최고가 되는 것" Our Goal is not to be the biggest, Our Goal is to be the best. 라며 다음과 같이 말했다.

"우리는 멀리 왔습니다. 우리가 생각한 목표 이상으로 높이 올라왔고, 여전히 올라가고 있습니다. 우리의 도전은 계속될 것입니다. 한계를 넘어야 하고, 기존의 틀을 깨고 새롭게 생각해야 하며 남들이 하지 않았던 것들을 해야 합니다."

짐 데이비스의 이 선언은 지금까지도 뉴발란스를 움직이며 앞으로 나아가게 하는 중요한 동력이 되고 있다.

공급업체행동규범의 실행

뉴발란스는 건강한 노동 환경을 위해 지켜야 할 사회적 법규의 실천을 공급업체로 확대하면서 행동규범을 만들고, 공급업체들이 이에 동의하도록 했다. 미국 내 공장들은 물론 모든 해외 공급업체들도 예외가 아니다. 뉴발란스와 사업을 진행하려면 반드시 이 규범과 규칙들을 충실히 지킬 것을 약속해야 한다.

▌공급업체행동규범이 명시된 영문계약서

뉴발란스 공급업체행동규범 New Balance Supplion Code of Couduct 은 마찬가지로 국제노동기구 ILO 의 여덟 개 핵심 협약(강제 노동에 관한 협약, 결사의 자유 및 단결권 보호에 관한 협약, 단결권 및 단체교섭에 대한 원칙 적용에 대한 협약, 동일 가치 노동에 대한 남녀 노동자 동일 보수에 관한 협약, 강제 노동의 폐지에 관한 협약, 고용 및 직업상 차별 대우에 관한 협약, 취업 최저 연령에 관한 협약, 가혹한 형태의 아동노동 폐지에 관한 협약)들을 적용시켰다. 또한 미국 공정노동협회^{FLA}의 행동 규범을 수용하고 있다.

공급업체행동규범$^{New\ Balance\ Supplier\ Code\ of\ Conduct}$은 공급업체들이 지켜야 할 최소한의 행동 규범을 정의한다. 뉴발란스가 공급업체행동규범을 만든 배경에는 뉴발란스 제품이 생산되는 시설에서 그 어떤 착취나 위험한 근무 환경도 발생하지 않기를 바라는 마음이 있다. 또한 공정하고 안전한 노동 관행에 대한 뉴발란스의 신념을 공유하는 제조업자 및 공급업자와만 거래하겠다는 다짐이자 의지의 표현이기도 했다.

12가지 내용으로 구성된 공급업체행동규범은 권고 사항이 아닌 반드시 지켜야 할 의무 사항이라는 점에서 강력하다. 구체적인 내용은 다음과 같다.

1. 현지 법 준수
- 이 행동규범에서 언급하는 모든 기준들은 해당되는 국가의 현지 법을 준수한다. 모든 판매인, 도매업자들은 그들의 국가 내 공장 운영 시 필요한 법규를 완벽하게 준수하여 운영해야 한다.

2. 미성년 고용(아동 노동)
- 16세 이하(현지 법이 허가하는 경우에는 15세) 또는 해당 연령이 제조국에서 의무교육을 마치지 못한 경우 그 연령보다 어린

미성년의 고용을 금지한다.
- 모든 시설은 모든 근로자의 생년월일을 확인할 수 있는 공식적인 서류를 갖춰야 한다.
- 모든 시설은 미성년 근로자 고용에 관한 모든 현지 법규를 준수해야 한다. 이러한 법규에는 현지 노동법에서 규정하고 있는 작업의 형태, 작업 스케줄, 노동 강도 등이 포함된다.

3. 언어적/물리적 폭력 또는 학대
- 근로자들을 존중하고 존엄한 인격체로 대우한다. 근로자들은 그들의 고용과 관련해 어떠한 형태의 육체적, 언어적, 성적, 정신적 폭력이나 학대의 대상이 될 수 없다.
- 회사 차원의 처벌은 금지된다.
- 성(性)적으로 강압적인 행동, 위협, 학대 또는 착취 행위를 허락하지 않는다.

4. 위생 및 산업 안전
- 고용주들은 예방 가능한 작업 관련 안전사고나 부상을 방지하기 위해 OSHA 기준을 벤치마크해 안전하고 위생적인 작업 환경을 제공해야 한다.

5 차별 금지
- 모든 고용 관련 결정을 반드시 차별 없이 중립의 입장에서 내

려야 한다.
- 근로자들은 반드시 성별, 인종, 계급, 성적 지향성, 혼인 여부, 종교, 문화적 신념이 아닌, 본인의 작업 능력 및 성과에 의해 고용되고, 승진하며, 지불(보상)에 대한 결정이 이루어져야 한다.
- 고용 전 또는 고용 중 임신 여부에 대한 검사는 금지한다.
- 근로자를 정치적 성향 또는 노조 가입을 이유로 차별하지 않는다.

6. 급여 및 복지 혜택
- 고용주들은 마감된 모든 업무에 대해 임금을 지불해야 하고, 적어도 현지 법에서 정하는 최저임금 또는 현지 통계에 따른 산업임금 중 높은 쪽을 기준으로 지급해야 하며 법에서 정한 혜택을 제공해야 한다.
- 징계의 목적으로 급여를 삭감하는 행위를 금지한다.
- 고용주는 보상을 지급하기 않기 위한 불공정 견습 및 수습 관행을 하지 않는다.

7. 노동시간
- 국내법에서 노동시간을 제한하지 않는 나라를 포함한 일반적인 공장 운영에서, 공급 업체는 정기적인 운영 스케줄 상에서 노동시간이 한 주에 60시간을 초과하지 않도록 해야 한다.
- 근로자들에게 일주일에 하루의 휴일을 보장한다.
- 근로자들에게 집이나 공장 밖으로 일을 가져가도록 요구하거

나 강요해서는 안 된다.
- 모든 노동시간은 서면으로 기록되어야 하며, 뉴발란스 직원의 요청 시, 관련 자료를 확인할 수 있도록 한다.

8. 초과 근무
- 예외적인 상황으로 인해 현지법이 정하는 주간 노동시간(또는 48시간, 더 적은 시간 비용)을 초과할 경우, 정규 노동시간에 대한 급료 외에 법에서 정하는 잔업 수당을 추가로 지급해야 한다.
- 잔업 수당에 대한 법적 기준이 없는 나라의 경우, 산업 표준에 따른다. 어떠한 경우에도 통상 임금률보다 적게 책정되어서는 안 된다.
- 공장은 국제노동법에서 정하는 수준으로 잔업을 제한할 수 있도록 운영하며, 생산적이고 인도적인 작업 환경을 보장해야 한다.

9. 결사의 자유
- 고용주는 근로자들이 자유의사에 따라 단체에 가입 또는 결성할 수 있는 권리 및 단체 협상의 권리를 존중한다. 현지 법이 결사의 자유를 제한하는 경우, 고용주는 법적으로 정한 결사의 자유 대체 수단을 방해해서는 안 되며, 종업원들과의 열린 커뮤니케이션을 보장할 수 있는 효과적인 시스템을 시행해야 한다.

10. 강제 노동
- 감금, 노예 노동(하인, 도제의 계약된 인력), 채무에 의한 노동(담보 노동) 등 어떤 형태의 강제 노동도 이용하지 않는다. 잔업을 거부하더라도 어떠한 벌칙이나 벌금도 부과해서는 안 된다.
- 절대 어떠한 이유로든 근로자들을 공장 시설 내에 감금해서는 안 된다.

11. 환경 조건
- 공장은 환경에 관한 모든 현지 법률을 준수해야 한다. 제조 업체들, 하청 업체들, 공급 업체들은 반드시 해당 국가에서 정하는 모든 환경 규범을 준수함을 증명해야 한다.

12. 하청 업체
- 뉴발란스의 공급 업체들이 본 행동규범을 사용하여 하청 업체들에게 적용시킨다.
- 공급업자는 하도업체가 본 행동규범을 준수할 수 있도록 모든 필요한 조치를 취해야 한다. 뉴발란스의 사전 허가 없이는 어떤 하도급 업체도 이용할 수 없다.

뉴발란스는 이 행동규범을 공급업체 공장의 현지 언어로 번역해 명시해 놓을 것을 해당 업체에 요구하고 있다. 행동규범은 권고 사항이 아닌 반드시 실천해야 할 사항이라는 점에서 강력한 억 지력을 갖는다. 감사를 실시해서 만일 해당 업체가 고의적으로 규범을 준수하지 않았다고 판단될 경우에는 거래를 중지하거나 공급 계약을 갱신하지 않도록 규정돼 있기 때문이다.

또한 이 행동규범과 더불어 공급 업체 공장들은 반드시 뉴발란스에서 디자인한 노동법 요약 포스터를 부착해 두어야 한다. 각 포스터에는 현지 노동법에 준수하는 근로자 권리의 요약과, 노동 조건에 위배될 시 신고할 수 있는 전화번호도 명시돼 있다. 물론 내용은 미국 내 공장과 비슷하다.

new balance

3장
신뢰와 신념의
뉴발란스 제품

뉴발란스 아치 : 닭의 발톱에서 '균형'을 발견하다

　　1906년, 뉴발란스의 역사는 미국 매사추세츠 주 보스턴에 살고 있던 한 청년으로부터 시작됐다. 그의 이름은 윌리엄 J. 라일리로, 33세의 영국 이민자였다. 당시 그는 '뉴발란스 아치'New Balance Arch라는 제화사를 설립했는데, 이 '뉴발란스 아치'라는 사명에는 뉴발란스 기업의 탄생 의미가 함축적으로 녹아 있다. '아치 서포트'Arch support(일종의 신발 깔창으로 발바닥 중앙의 볼록 들어간 부분인 아치를 받쳐준다.)를 적용한 신발로 불균형한 발을 '새로운 균형'New Balance으로 창조한다는 의미다.

　　실제로 그가 만든 첫 제품은 발의 세 위치를 삼각형 모양으로 신축성 있게 뒷받침해 주는 제품으로 발을 디딜 때 편안하면서도 완벽한 균형을 이루도록 해준다는 점에서 하나의 '발견'에 가까웠다.

닭의 세 갈래 발이 가진 균형의 비밀

그가 이 '새로운 균형'을 잡아주는 아치 서포트 제품을 고안하게 된 것은 사실 놀라운 제품을 만들겠다는 야망보다는 '처방'의 성격에 가까웠다. 발에 맞지 않는 신발 때문에 불편과 고통을 호소하는 사람들을 직간접적으로 만나면서 지금보다 편한 신발은 없을까 고민한 결과였다. 그가 염두에 둔 고객 중에는 소방관, 경찰, 우체부 등 하루 종일 서서 일하는 사람들과 발에 장애를 가진 사람들도 포함돼 있었다. 그는 이런 이들에게 신발은 생업 또는 삶과 직결되는 만큼 단순히 '신을 것' 이상의 의미라는 점에 주목했다.

어느 날, 마당에 돌아다니는 닭들을 멍하니 보던 중이었다. '대부분의 위대한 발견이 지극히 일상적인 곳에서 시작되듯이' 라일리의 발견 순간도 그러했다. 가느다란 다리로 육중한 몸을 지탱하면서도 완벽한 균형을 유지하고 돌아다니는 닭들을 보던 그는 돌연 무릎을 쳤다. 세 개의 발가락과 발톱, 거기에 균형의 비밀이 있었다.

얼마 후, 그는 사무실에 닭의 발 모형을 전시했다. 그런 뒤 이곳을 찾는 사람들에게 "닭들은 완벽한 균형을 유지하고 있다. 그냥 닭들이 뒤뜰에서 돌아다니는 것만 봐도 누구나 알 수 있는 사실"이라고 설명했다.

이후 그는 닭의 발 모양으로부터 착안한 세 갈래 아치를 사람의 발 구조에 똑같이 적용시켰는데, 각기 다른 발 모양에 따라 특별 제작된 이 아치들은 한 발에서 다른 발로 무게감이 옮겨갈 때 균형감이 최대로 치솟는 효과가 있었고, 정형학적 치료 효과를 가진 이 신발에 많은 이들이 열광적 반응을 보내왔다. 이와 관련한 재미있는 일화도 하나 있다.

어느 날 지팡이를 짚은 한 노신사가 그의 가게를 찾아왔다. 라일리는 노신사의 발 모양과 치수를 잰 뒤 아치 서포트 신발을 주문받았다.

며칠 후 신발을 찾기 위해 다시 가게에 들른 노신사는 주문한 신발을 신어본 뒤 매우 만족했다. 그런데 노신사가 가게를 나가려는 순간, 라일리는 이상한 행동을 했다. 다짜고짜 그의 지팡이를 뺏어 울타리 위로 던져버린 것이다. 당황하는 노신사에게 그는 이렇게 말했다.

"저 지팡이는 이제 필요 없습니다. 다시 지팡이를 짚고 걷고 싶으시면 직접 주워서 쓰시던가요." 그 말에 노신사는 아주 흡족한 표정으로 가게를 나섰고, 다시는 지팡이를 찾지 않았다.

항상 돌아오는 남자, 아더 홀

아치 서포트 신발은 얼마 안 가 전국적으로 전파되었는데, 여기에는 아더 홀의 역할이 절대적이었다. 그는 1927년부터 아치 서포트를 3달러에 사서 5달러에 판매하는 계약을 라일리와 맺은 세일즈맨이었다.

훗날 라일리의 은퇴 후 뉴발란스 경영을 맡게 되는 그는 뉴발란스 세일즈맨으로 일할 당시 종횡무진 출장 다닌 것으로 유명하다. 그는 로드아일랜드와 매사추세츠 주에 있는 경찰서, 소방서, 우체국, 그리고 종일 서서 일하는 사람들이 있는 일터를 대상으로 움직였는데, 자신의 차에 '항상 돌아오는 남자'라는 재미있는 문구를 붙여 놓았다. 2주 후 제품을 판매한 고객을 다시 찾아 제품에 대한 만족 여부를 체크하겠다는 의미였다.

이 '항상 돌아오는 남자'는 그가 만들어낸 또 하나의 히트 상품과 같았다. 홀의 이 영업 방식은 상상 이상의 효과를 가져왔다. 뉴발란스가 '진실성 있는 회사'라는 명성을 얻는 데 큰 역할을 했을 뿐더러, 제품에 만족한 고객이 다른 고객을 소개하는 일로도 이어졌기 때문이다.

혁신적인 제품은
일상에 답이 있다

뉴턴의 사과도 아르키메데스의 '유레카'도 결국은 일상 속에 있었다. 마찬가지로 세상을 놀라게 한 뉴발란스의 모든 발견도 언제나 일상에서 시작됐다.

만일 윌리엄 라일리가 주변 사람들을 관찰하지 않았더라면, 닭의 발에서 영감을 얻지 못했더라면, 오늘날의 뉴발란스는 존재하지 않았을 것이다. '듣고 배우고 정교화하라!' Listen, learn and refine!는 뉴발란스의 철학은 이 지점부터 이미 시작되었고, 그 철학은 지난 108년간 뉴발란스의 '발명품'들을 탄생시킨 핵심으로 작용했다.

위대함은 사소한 것에서 탄생한다

유명한 글로벌 기업 뉴발란스가 '닭발'에서부터 출발했다는 사실은 시사하는 바가 크다. 혁신의 예로 등장하는 기업들은 항상 사소하고 작은 것에서 큰 차이를 만들어내는 힘이 있다. 톰 피터스가 『리틀 빅 씽』에서 언급한 '사소함의 위대함'이 바로 그것이다. 『마켓 3.0』의 저자 필립 코틀러도 때로는 작은 아이디어에서 거대한 영향력이 만들어진다고 말한다.

뉴발란스의 첫 번째 '위대한 사소함'은 사람들의 이야기를 관심 있게 들었던 귀에 있었다. 라일리 자신도 당시에는 몰랐겠지만, 경청은 그 자체로 매우 중요하다. 톰 피터스는 자신의 저서에서 경청을 핵심 역량으로 꼽으며, 경청이야말로 '발전시킬 수 있는 개인의 기술', '성공적인 실행의 엔진', '세일의 열쇠', '배움', '창조의 필수 조건', '혁신의 필수 조건'이라고 말한다. 물론 톰 피터스가 말한 경청이란 내부 조직 간, 혹은 고객을 상대로 한 경청의 성격이 강하지만, 뉴발란스의 사례들은 혁신적인 순간의 탄생에도 '경청'이 절대적 역할을 한다는 것을 보여주고 있다.

뉴발란스의 두 번째 '위대한 사소함'은 배움에 있었다. 월리엄 라일리는 발이 편한 신발을 연구하기 위해 다양한 방식을 살폈다. 머릿속 생각을 현실화하기 위해 그간 접하지 못했던 수많은 환경을 접하며 고민을 거듭했다. 아치 서포트 홍보용 브로셔만 봐도 당시 그가 발 혹은 신발에 대한 공부를 얼마나 열심히 했는지를 알 수 있다. 이 브로셔는 발 자체의 구조와 기능에 대한 연구는 물론 발 건강이 신체 건강에 어떤 영향을 끼치는지에 대해 의사처럼 친절한 설명을 곁들이고 있다. 나아가 그는 배움의 장소를 한정 짓지 않은 덕분에 마당의 닭에서도 아이디어를 얻을 수 있었다. 필립 코틀러가 거론한 '상자 밖에서 사고하기'와도 맞닿는다. 필립 코틀러는 『리틀 빅 씽』에서 "새로운 발견에 대해 항상 열린 마음을 갖고 '상자 밖에서 생각할 줄 아는 사고 방식을 가져야만 한다"고 강조한 바 있다.

창의성과 행동화가 사소한 것을 위대하게 만든다

나아가 윌리엄 라일리는 상당히 창의적인 사람이었음이 틀림없다. 불편한 발을 편하게 만드는 신발을 개발하다는 초기 생각 자체가 '창의'적이라고 볼 수 있다. 나아가 생각을 행동으로 실현한 것도 창의적이기 때문에 가능했다고 볼 수 있다. 필립 코틀러가 『어떻게 성장할 것인가』에서 서술해놓은 '창의적인 사람들의 중요한 특성'과도 맞아떨어지는 부분이다. 필립 코틀러는 창의적인 사람의 개인적 특성을 다음과 같이 정의한다.

'유동적이다(한 문제에 대해 여러 아이디어를 생각해낸다)', '질문이 많다(다양한 분야에 관심이 있다)', '다른 사람의 관심사에 민감하다(타인의 요구를 이해한다)', '호기심이 많다(사물을 갖고 노는 것을 좋아한다)', '독립심이 강하다(자신만의 아이디어를 내놓는다)', '사색적이다(자신들이 보고 듣는 것에 대해 깊이 생각한다)', '행동 지향적이다(생각을 넘어 행동에 나선다)', '집중할 수 있다(지속적으로 일을 추진한다)', '집요하다(쉽게 포기하지 않는다)', '헌신적이다(일에 깊이 관여한다)'

또한 코틀러는 '창의성의 표출'에 대해서도 "창의성은 다양한 생각들을 새로운 방법으로 연결시키는 능력을 통해 표출된다. 어떤 영역을 잘게 쪼개고 그 각각의 조각들을 살피는 데 있어서도 창의성이 발현된다"고 덧붙였다.

'사소함의 위대함'은 바로 이 창의성과 '창의성의 행동화'를 거쳐야 세상에 모습을 드러낸다. 그간의 모든 공부와 연구, 그리고 생각과 고민을 정교화한 결과물이다.

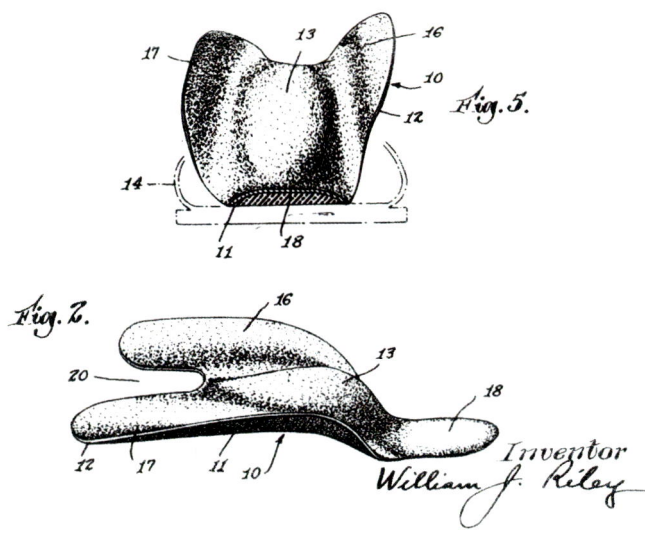

▎창업자 윌리엄 라일리가 개발한 뉴발란스 아치

윌리엄 라일리는 닭발에서 착안한 균형의 비밀을 아치 서포트 개발까지 정교화했다. 이전까지는 세상에 없던 새로운 발명이 탄생하는 순간이었다.

모르긴 몰라도 라일리 자신도 이를 발명이라고 생각했던 것 같다. 당시 그가 아치 서포트의 형태와 구조를 자세히 그려놓은 디자인 스케치에는 다음과 같은 서명이 쓰여 있다.

'Inventor William J.Riley' (발명자 윌리엄 J. 라일리)

정형학적 지식에서 탄생한 기술

라일리는 자신이 발명한 아치 서포트에 긍지와 확신을 가졌다. 사무실에 닭의 발 모형을 전시해두고 고객들에게 아치 서포트의 기능을 열렬히 설명했다.

뿐만 아니라 사람의 신체와 다양한 문제를 가진 발 모양들이 그려진 브로셔를 들고 다니며 아치 서포트의 필요성을 적극 홍보했다. 브로셔는 물론 궁극적으로 아치 서포트의 판매를 위한 것이었지만, 발이 얼마나 중요한가에 대한 정형학적 지식을 알려주는 정보 역할도 톡톡히 했다. 그 브로셔에는 신체 몇 군데를 지적하며, 이곳이 아프다면 발을 먼저 살펴보라고 조언하고 있다. 발로 인해 신체의 다른 부분에까지 통증이 올 수 있다는 점을 지적해 발 건강의 중요성을 상기시키고, 아치 서포트의 중요한 역할을 알려내는 효과적인 브로셔였다.

실제로 아치 서포트의 능력은 갈수록 곳곳에서 입증됐다. 지팡이에 의지한 채 라일리의 가게를 찾아왔던 노신사가 아치 서포트를 착용한 후 지팡이 없이 걸을 수 있게 된 일화는 아치 서포트가 제품을 넘어 처방의 역할을 하고 있었음을 단적으로 보여준다.

소비자의 삶을 바꾼 피트폼시스템fit-Form System과 가로사이즈

아치 서포트 탄생에는 또 하나의 착안이 중요한 영향을 미쳤다. 사람마다 발 모양이 다르다는 사실이다.

라일리는 일일이 수작업으로 고객의 발에 꼭 맞는 아치 서포트를 제작해 제공하는 피트폼시스템fit-Form System을 따랐다. 그러나 소비자 입장에서 보면, 직접 가서 발 치수와 형태를 재는 일은 꽤 번거로웠다. 물론 아더 홀이 직접 '찾아가는' 영업을 하기는 했지만, 이마저도 모든 소비자들을 상대하기는 역부족이었다.

그 와중 'pedegraph box'라는 획기적인 발명품이 만들어졌다. 라일리의 비즈니스 동료인 러드케G.L. Ludcke가 1929년 특허를 신청한 이 박스는 일종의 우편 주문 시스템으로, 우편 주문 한 고객에게 투사지 종이를 넣은 이 박스를 보내면, 고객이 직접 자신의 발 모양을 그려 보내고, 본사가 그것을 받아 아치 서포트를 제작할 수 있었다. 결국 이 'pedegraph box'는 그해 라일리가 특허 등록한 아치 서포트의 주문량을 대폭 늘리는 데 매우 중요한 역할을 했다.

뉴발란스 가로 사이즈의 탄생

그렇게 아치 서포트와 피트폼시스템fit-Form System이 결합된 첫 번째 운동화가 탄생했다. 1938년 지역 러닝 클럽 멤버들을 위해 특별 제작된 아치 서포트 제품이었다. 이 제품은 엄청난 호응을 받았고, 이후 라일리는 밀려드는 주문들에 밤낮없이 신발을 제작했다. 그러면서 몇 가지 문제가 발생했다. 제작 규모가 커지기 시작하면서 고객 한 명마다 맞춤 제작을 하기가 사실상 불가능하게 된 것이다. 이에 라일리는 각각 형태가 다른 발 모형을 최대한 많이 만들어 다양한 신발을 제작했음에도 초기의 피트 폼 시스템을 완벽하게 유지하는 데 어려움을 겪었다.

그때 라일리는 이를 보완할 수 있는 한 가지 방법을 찾았다. 가로 사이즈였다. 발의 길이 사이즈만으로 신발을 선택

해야 하는 다른 브랜드와 달리 뉴발란스의 신발은 길이뿐만 아니라 가로 너비 사이즈가 추가되어 있는데, 현재 남성의 경우 2A부터 6E까지, 여성의 경우는 4A부터 4E까지 발길이 사이즈 외에 치수가 하나 더 따라붙는다. 발볼 너비에 따른 가로 사이즈는 남녀 각각 여섯 단계(아동화는 네 단계)로 구분해 볼이 많이 좁은 발부터 아주 넓은 발까지 선택이 가능하다.

당시 라일리는 누구도 생각하지 못했던 이 가로 사이즈를 도입함으로써 초기의 피트폼시스템과 거의 유사한 편안함과 착화감을 소비자들에게 제공했고, 이후로도 그의 신발은 소비자들의 찬사를 그대로 유지할 수 있다.

뉴발란스의 가로 사이즈, 삶을 바꾸다

가로 사이즈는 1960년대 트랙스터에 처음 적용된 이후 줄곧 뉴발란스의 상징으로 여겨진다. 심지어 짐 데이비스에게 뉴발란스를 인수하던 순간 폴 키드가 강조한 것도 "가로 사이즈를 꼭 지켜달라"는 당부였을 정도로, 가로 사이즈는 뉴발란스의 제품력을 드러내는 핵심 가치다. 또한 1970년대 이후 뉴발란스가 해외 진출과 함께 글로벌 기업으로 도약할 수 있었던 경쟁력이기도 했다.

물론 가로 사이즈의 도입은 복잡한 제조 공정을 필요로 한다. 같은 모델도 발 길이 사이즈, 가로 사이즈에 따라 다양하게 제작해야 하기 때문이다. 그러나 이는 결코 까다롭다고 포기할 수 있는 가치가 아니었다.

문제는 이 상황이 딜러들에게는 그다지 반갑지 않았다는 데 있었다. 기존 사이즈 규격에 가로 사이즈까지 더해지니 '팔기 복잡한 제품'이라는 인식이 커진 것이다.

그럼에도 뉴발란스의 가로 사이즈가 소비자들의 삶에 가져온 변화는 어마어마했다. 그중에서도 데이비드 라이더$^{Dave\ Ryder}$의 이야기는 발에 잘 맞는 신발이 얼마나 중요한지를 보여주는 사례다.

1954년 고등학교 1학년이었던 라이더는 의사로부터 달리기를 포기하라는 선고를 받았다. 넓은 발에 비해 너무 꽉 조이는 신발 때문에 운동 때마다 물집과 출혈이 생겼기 때문이다. 이를 해결할 방법을 찾을 수 없었던 라이더는 의사의 조언대로 달리기를 포기했다가, 4년 후 대학원에 다니던 무렵 다시 육상을 시작할 수 있었다. 뉴발란스의 가로 사이즈를 접한 덕분이었다.

이후 그는 1980년까지 꾸준히 대회에 참가했으며, 늘 달리기를 즐기는 그의 모습은 딸 신디아 라이더$^{Cynthia\ Ryder}$까지 러너의 길로 이끌어 부녀가 함께 레이스를 뛰기도 했다. 이후 그의 딸 신디아는 버크넬대학$^{Bucknell\ University}$에서 주는 육상 선수 장학금을 받았고, 바르셀로나 올림픽에는 미국 대표팀으로 참가했다.

할리우드 스턴트맨 로렌 제인스$^{Loren\ Janes}$의 이야기도 있다. 80피트(24.3m) 높이의 벼랑에서 뛰어내리는 등 할리우드에서 스턴트맨으로 활약했던 로렌 제인스는 보스턴 촬영지로 향하던 어느 날, 비행기 안에서 운명적으로 키드 부부를 만났다. 대화의 주제가 자연스레 신발로 옮겨가자 그는 발에 잘 맞지 않는 신발에 대한 불평을 토로했다.

"내 발은 이렇게나 넓은데, 왜 넓은 발을 위한 신발은 안 만드는지 모르겠어요."

그러자 폴 키드는 대답했다. "잘됐군요. 그럼 우리 신발회사에 대해 알려드리죠."

폴 키드는 로렌 제인스에게 자신의 명함을 주며 회사에 초대했다. 다음 날 뉴발란스를 찾은 제인스는 그날 이후부터 오직 뉴발란스만 신고 뛰었다. 이후 그는 1964년 올림픽 선발 대회에서는 일반 트랙스터를, 500번이 넘는 영화 출연과 1,000번의 방송 출연을 하는 동안에는 특별히 주문 제작한 트랙스터를 신었다.

그는 트랙스터가 스턴트 연기를 하는 동안 발을 헛딛지 않게 해줄 거라는 믿음까지 가질 정도로 트랙스터를 신뢰했다. 심지어 턱시도와 함께 신을 에나멜가죽 트랙스터를 특별 주문할 정도로 트랙스터에 대한 사랑이 대단했다.

조종사였던 아서 예링턴Arthur Yarrington의 이야기는 더 극적이다. 1961년 텍사스에 있는 웹공군기지로 발령을 받은 예링턴은 그곳에서 F-102와 F-104를 조종했으며, 1964년 10월에는 자진해서 베트남전에 참가하기로 결심했다. 그러나 12월에 있을 특별 훈련을 코앞에 둔 11월 28일, 그는 갑작스러운 호흡곤란과 가슴 통증으로 병원을 찾았다가 더 이상 하늘을 날지 못할 것이라는 진단을 받았다.

그는 꼭 다시 비행을 하겠다는 결심으로 케네스 쿠퍼Kenneth Cooper 교수를 찾았다. 쿠퍼 교수는 그를 진찰한 뒤 앞으로 두 달간 다음 진료를 기다리는 동안 많이 걸으라는 처방을 내렸고, 두 달 후에는 다시 달리기 프로그램을 제안했다. 그러나 쿠퍼 교수가 직접 짠 프로그램을 따랐음에도 결국 예링턴은 발 통증 때문에 뛰기는커녕 걷지도 못하는 상태가 돼 버렸다. 심각한 상황에 빠진 예링턴이 도움을 청하는 손길을 내민 사람은 바로 뉴발란스의 폴 키드였다. 그는 폴 키드에게 편지를 보내 자신의 상황을 상세히 설명했다. 이에 폴 키드는 예링턴의 발 모양 사본을 요청해 맞춤 제작한 신발 한 켤레를 그의 집으로 보냈고, 놀랍게도 이 신발을 신은 뒤부터 예링턴은 발 통증이 감쪽같이 사라졌다. 기적은 거기서 끝나지 않았다. 예링턴은 이후 계속해서 건강을 회복해 마라톤 대회에 참여했을 뿐 아니라 다시 비행 조종까지 할 수 있게 되었다.

이 놀라운 변화에 관심을 보인 사람은 직접 신발을 제작한 폴 키드 부부만이 아니었다. 보스톤헤럴드의 기자이자

발 관리 전문가들

1956년 창업자 윌리엄 라일리가 세상을 떠난 후 키드 부부가 뉴발란스의 두 번째 주인이 되었다. 당시 키드 부부는 회사명을 '뉴발란스 정형 연구소'로 변경했는데(1970년 1월, 다시 '뉴발란스 운동화 주식회사'로 사명을 바꾸기까지 이 사명은 13년간 유지됐다), 꾸준한 연구개발이야말로 1906년 창업 이후 108년이 넘는 동안 뉴발란스를 지속시킨 힘이라는 점에서 이 이름 또한 뉴발란스의 정체성을 잘 보여준다고 할 수 있다. 실로 뉴발란스의 역대 CEO들이 그토록 자신들의 제품에 자부심을 가졌던 것도 '이보다 더 발을 생각하는 신발은 있을 수 없다'는 확신 덕분이었다. 그들은 스스로를 단순한 장사꾼이 아닌 '발 관리 전문가Foot-care professional'라고 믿었으며, 철저한 연구와 검증을 통해 새로운 '발명품'들을 개발했다. 결국 그들에게 신발은 '과학'이지 '의학'이었던 셈이다.

역시 뉴발란스 애용자인 폴 벤자퀸$^{\text{Paul Benzaquin}}$이 예링턴을 찾아왔다. 그는 인터뷰 끝에 뉴발란스로 인해 건강을 회복한 예링턴의 이야기를 기사화했다. 또한 1967년, 미국 의회 청문회에서 상원 의원 윌리엄 프록스마이어$^{\text{William Proxmire}}$가 다시 이 일화를 거론하면서 뉴발란스는 또 한 번 큰 주목을 받게 되었다. 그는 뉴발란스를 "의학 역사에서 엄청난 프로그램"이라고 칭찬하고, 공군으로 돌아오기 위해 분투한 예링턴의 애국심을 높이 샀다.

전설이라 불리는 신발
N320

1972년, 짐 데이비스가 직원 6명에 생산량 30켤레에 불과한 뉴발란스를 인수하기로 결정한 것은 스스로 제품에 대한 신뢰와 믿음을 가지고 뉴발란스의 잠재력을 확신했기 때문이다. 짐 데이비스는 훗날 "여가 관련 제품 시장이 크게 성장하고 있음을 느꼈고, 그 중에 뉴발란스가 좋은 제품들을 가지고 있다고 생각했다"며, "뉴발란스를 신고 달려본 결과 운동화에 매우 감명을 받았다"라고 회상했다.

N로고 숫자 시리즈와 함께 시작된 뉴발란스 N시리즈는 수많은 사람들에게 달리는 즐거움을 선사했다. 출시 타이밍이 좋았던 것도 한몫하긴 했지만, 320의 엄청난 인기는 결코 우연의 결과는 아니었다. 가벼우면서도 발꿈치와 앞부분의

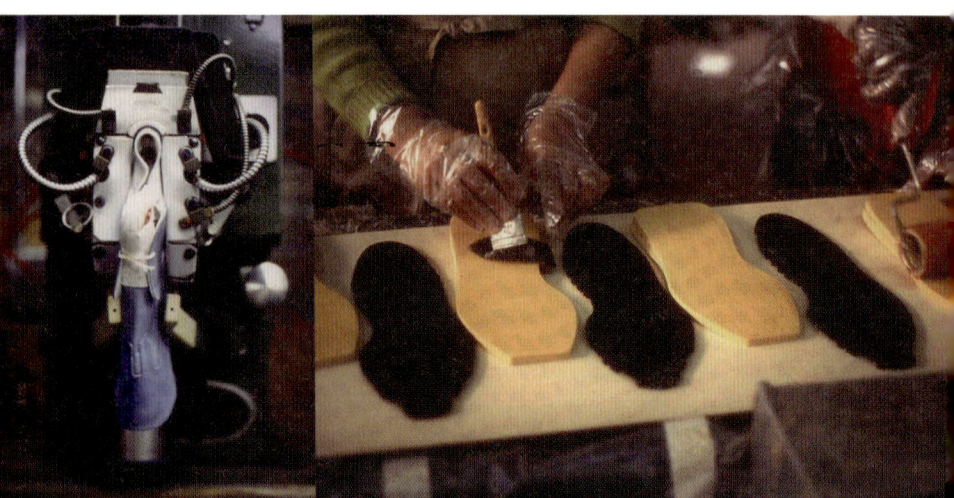

▎320 굽을 만들고 있다

쿠션 기능은 물론 컬러풀한 디자인도 훌륭했다. 거기에 뉴발란스의 포인트인 가로 사이즈가 더해졌으니 러너들의 이목을 사로잡을 만한 조건을 충분히 갖추었던 셈이다.

전설의 이름, N320

단언컨대 320은 뉴발란스의 브랜드력을 또 한 번 급성장시킨 일등 공신이었다. 320 주문 건은 그야말로 '폭발' 수준이었다. 밀러드는 주문 때문에 제작 공간을 2배로 늘리고 새

기계들을 들여오고 수많은 제화공들을 추가로 고용해야 했다. 그렇게 5년 만에 직원 수가 6명에서 50여 명으로 늘어나는 등 뉴발란스의 기업 규모는 무려 9배 가까이 성장했다.

이처럼 320 모델이 길 위의 선두 주자로 자리 잡을 무렵, 뉴발란스는 훗날 '전설'이라 불리게 되는 또 하나의 스페셜 제품을 시장에 내놓았다. 바로 W320이다. 여성을 위한 러닝화를 표방한 W320은 디자인과 기능 면에서 여성의 발에 대한 배려가 탁월했다. 굽을 조금 높이고 앞발 부분에 적당한 부피감을 주었을 뿐 아니라 독특한 안장 디자인을 배치해 세련미를 더했다. 또한 가로 사이즈를 4AA부터 10D까지 풀 사이즈로 제공함으로써 선택의 폭을 넓힌 것도 성공의 주요 원인이었다.

99달러 운동화 시장을 개척하다

W320 외에 990 역시 놀라운 제품이라는 평가를 받았다. W320이 전설적인 여성화였다면, 990은 4년간의 연구개발 끝에 완성된 뉴발란스 기술의 결정체였다. 1982년, 뉴발란스 연구개발팀은 새로운 도전에 나섰다. 시간과 비용에 구애받지 않고 가능한 모든 기술력을 동원해 최고의 신발을

■ 오직 여성만을 위한 운동화 W320

만들겠다고 단언했다. 그 결과물이 바로 990이었다. 혁신 기술을 통해 1000점 만점에 990점을 받을 만한 신발이라는 의미로 990이라는 이름이 붙은 이 제품은 출시 즉시 러너들과 스니커즈 애호가들에게 열광적인 호응을 받으며 뉴발란스의 기술력을 상징하는 신발로 자리매김했다.

또한 990은 뉴발란스 신발 중 최초로 판매 가격이 100달러에 육박하는 제품이기도 했다.(지금은 다른 시스템을 차용하고 있지만, 이때만 해도 뉴발란스 제품의 모델명 숫자는 가격에서 따온 것이다. 한 예로 320은 32달러, 990은 99달러에 팔렸다. 반면 현재는 모델 숫자가 안전성이나 무게처럼 신발 기능의 범위를 나타낸다. 모델명에 해당 제품에 대한 정보가 숨어있는 셈이다.)

990 개발을 제안한 것은 회장인 짐 데이비스였다. 그가 직접 나서서 뉴발란스 연구팀에게 100달러가 넘는 신발 개발에 도전해 달라고 부탁한 것이다. 그는 소비자들이 최상의 품질에는 그에 상응하는 비용을 지불하리라고 확신했다. 물론 너무 고가라서 생각보다 잘 팔리지 않을 수도 있다는 점도 염두에 두었다. 그럼에도 그는 일단 고가 제품에 도전해보기로 했고, 그로부터 4년 뒤 뉴발란스는 990 개발에 성공했다.

오랜 연구의 결과답게 990은 철저한 신체 역학적인 연구가 동반되었다는 점에서 이전까지의 모델들과 현격한 차이가 있었다. 또한 디자인 면에서도 달랐다. 990의 디자인에는 '뉴발란스 저팬'을 생산, 출시하고 있던 일본 회사인 문스타가 참여했는데, 위쪽은 돼지가죽과 메쉬^{mesh} 소재로 덮고, 신발 안에 움직임을 감지하는 장치를 장착했다. 또한 특허를 받은 쿠션재까지 적용시켜 기능성을 높였다.

이처럼 제품력 면에서는 완벽했지만, 그럼에도 데이비스는 990의 첫해 예상 매출을 5천 켤레로 한정했다. 가격 부담 때문에 널리 대중화되기에는 무리가 있다고 판단한 것이다. 그러나 시장 반응은 상상 이상이었다. 판매 시작 첫 6개월 만에 무려 5만 켤레가 팔려나갔다.

이후로도 뉴발란스는 990의 착화감과 기능성 향상을 위해 연구개발을 멈추지 않았다. 다른 제품들은 해외 공장에서도 일부 생산했지만 990만큼은 100% 미국 내 공장 생산을 고집해 'Made in USA' 태그를 부착했다. 유일하게 미국의 뉴잉글랜드 공장에서 제작하는 990의 경우 미국 생산 제품들

메쉬(mesh) 소재
그물 또는 망사처럼 만든 것으로 가벼울 뿐만 아니라 통풍이 잘 되고 시원한 것이 특징이다.

쿠션재
일반적인 물렁물렁한 쿠셔닝이 아닌 반발력이 있는 앤캡(ENCAP)이라는 쿠셔닝 시스템으로, 신다 보면 오히려 더 편안한 느낌을 받게 된다

이 설포(신발 끈 바로 아랫부분)에 'Made in USA'를 부착한 것과 달리, 생산지 표기를 'new balance USA'로 변경해 부착했다. 또한 힐탑에도 'Handmade in the Unites States'(생산 연도에 따라 'Made in USA'로 표기된 것도 있다.)를 새겨 넣어 미국 내 제작을 강조했다.

장인 정신이 만들어낸 990의 역사

오바마 대통령의 신발로도 유명한 990에 대한 뉴발란스의 자부심과 고집은 아주 대단하다. 그도 그럴 것이 990은 판에 박힌 듯 찍어내는 신발이 아니라, 장인이 '한 땀 한 땀' 혼과 정신을 불어넣어 만든 작품이기 때문이다.

첫 출시 30여 년이 지난 지금도 990은 뉴발란스의 대표작이자 하이 퀄리티 제품으로 자리 잡고 큰 인기를 누리고 있다. 미국 생산을 절대적으로 고집하는 만큼 다른 제품 라인업 대비 고가임에도, 제품이 좋으면 소비자들이 지갑을 열 것이라는 데이비스의 판단처럼 여전히 수많은 매니아들이 990을 찾고 있는 것이다.

뉴발란스의 가장 큰 경쟁력은
좋은 제품이 가진 힘

비단 990이 아니라도 뉴발란스의 제품들은 제품 자체가 경쟁력인 경우가 많다. 화려한 광고나 마케팅으로 시선을 단박에 끌거나 하지 않아도 꾸준히 롱런하고 있는 것이 그 증거다. 실제로 뉴발란스 제품들은 대부분이 스테디셀러라는 점에서, 반짝하고 사라지는 '핀업 스타'가 아닌 꾸준한 '국민 배우'와 닮아 있다. 나아가 이는 뉴발란스에 존재하는 이른바 수많은 '고객 오너'customer owners의 실체를 보여준다. '고객 오너'란 필립 코틀러가 『어떻게 성장할 것인가』에서 언급한 개념으로, 코틀러는 이 개념을 다음과 같이 설명한 바 있다.

"처음으로 제품을 사는 고객은 회사가 판매하는 제품에

대해 어느 정도의 기대치를 갖고 있다. 이런 기대가 충족되거나 그 이상으로 만족하게 되면 고객은 그 제품을 또다시 구매할 확률이 높다. 기업들은 자사 제품을 구입한 고객이 '만족한 고객'에서 '헌신적 고객'을 거쳐 '옹호적 고객'이 되고 '공동 창조자'^co-creator가 되며 최종적으로 '고객 오너'가 되기를 바란다. …… 만족한 고객은 기대했던 것보다 더 큰 만족감을 느낄 경우 헌신적 고객으로 바뀔 수 있다. 따라서 기업의 목표는 언제나 고객을 '기쁘게' 해주는 것이어야 한다. 이런 목표를 달성하기 위해서는 당신 기업의 제품이 경쟁 업체의 그것과 비교해 품질이 월등히 뛰어나야 한다."

연구개발에 전념하라

즉 코틀러가 말한 고객 오너는 오직 해당 제품의 품질력이 아주 뛰어날 때만 생겨난다. 그러나 필립 코틀러의 말처럼 사실 '품질'이란 만드는 사람이 아닌 소비자가 결정한다. 기업 쪽에서 최상의 품질이라고 자부하며 내놔도 소비자들이 외면하거나 만족하지 못하면 그것은 좋은 제품이 아니기 때문이다.

톰 피터스 역시 『리틀 빅 씽』에서 "품질이란 분명히 표현할 수 없는, 알 수 없는 신비한 무엇인가에 의해 결정된다는 사실을 알아야 한다. 이보다 더 중요한 것은 품질이란 고객의 눈에 의해 결정된다는 사실이다."라고 말한 바 있다.

기업들이 소비자의 니즈를 조사하며 끊임없는 연구를 거듭하는 것도 이 때문이다. 나아가 톰 피터스는 "공격적인 R&D(연구개발)는 단지 대기업만의 몫이 아니다. 사실 대기업보다 직원이 2명뿐인 전문 서비스 업종에서도 R&D는 중요하다."고 강조하고 있다.

뉴발란스 제품력의 비결도 상당 부분 R&D의 몫이다. 뉴발란스는 항상 R&D에 막대한 비용을 투자해 이전보다 나은 제품, 소비자들을 만족시키기 위한 제품 개발에 주력해왔다. 라일리 한 사람이 전부였던 창업 당시는 물론, 2대 오너였던 폴 키드 부부 역시 제품 하나를 만들기 위해 수많은 소비자와 잠재 소비자들의 의견을 구하는 등 오랜 공을 들였고, 짐 데이비스 역시 어려울 때면 오히려 R&D에 적극 투자했으며, 이 투자는 글로벌 시장에서의 독보적인 성공을 가져왔다.

경쟁보다 중요한 것은 제품이다

뉴발란스의 첫 번째 국제 세일즈 사무실은 영국에 설립되었다. 1978년, 유럽 시장에 면세로 진입하기 위해서였다. 나아가 같은 해, 아일랜드의 트랄리^{Tralee} 지역에는 유럽 최초 제조 시설을 설립했고, 3년 뒤에는 영국 워킹턴^{Workington}에 또 다른 시설을 열었다.

1978년, 플리트풋^{Fleetfoot}의 오너 크리스 브래셔가 뉴발란스의 영국 유통업자로 합류했다. 그는 뉴발란스를 자신의 넘버원 브랜드로 삼아 영국 내 뉴발란스의 브랜드 파워를 놀라운 속도로 성장시켰는데, 1984년이 되자 런던 마라토너 중 무려 22%가 뉴발란스를 신고 달렸을 정도였다. 이어서 1981년에는 브라질과 아르헨티나의 제조 및 유통 회사와 계약을 맺음으로써 뉴발란스는 남미에 진출한 유일한 운동화 브랜드가 되었다. 당분간은 경쟁 상대가 없어 보일 정도로 눈부신 발전이었다.

실제로 뉴발란스는 나이키가 리복이 출시한 'Visible Air'에 빼앗긴 1등 자리를 되찾기 위해 안간힘을 쓸 때도 그저 505, 605, 905 같은 탁월한 제품을 선보이는 데 주력했다. 또한 품질에 승부를 건 N 시리즈 개발과 출시 또한 지속함

■ 전문 등반가 루 휘태커의 도움으로 개발된 등산화 레이니어

으로써 한 제품의 인기와 수명이 절정을 지나 사그라들 즈음이면 여지없이 새로운 제품으로 이목을 끌었다. 그리고 이처럼 꾸준한 개발과 출시로 1980년대 초, 첫 테니스화인 CT300, 등산화 레이니어^{Rainier}, 에어로빅화인 잠보리^{Jamboree},

뉴발란스 농구화 시리즈의 시작인 프라이드 480$^{Pride\ 480}$ 등 다양한 운동화를 내놓을 수 있었다.

영국 왕실의 지지를 받는 운동화 회사

이 무렵, 뉴발란스는 영국 워킹턴 공장에서 축구화를 생산하기 시작했다. 바로 소비자들의 요구 때문이었다. 이 축구화에 얽힌 일화는 아주 유명한데, 이 축구화를 2년간 신고 뛰어본 영국프로축구협회의 멤버들 3천 여 명이 1982년 맨체스터에서 열린 공식 기자회견을 통해 뉴발란스를 자발적으로 홍보하겠다고 나선 것이다. 영국에서의 뉴발란스의 인기가 어느 정도였는지 짐작해볼 수 있는 대목이다.

나아가 1985년 2월에는 찰스 왕자가 짐 데이비스와 뉴발란스 영국 직원들의 대대적인 환영을 받으며 뉴발란스 워킹턴 공장을 방문했다. 왕자는 가이드를 받으며 워킹턴 공장의 시설들을 둘러보고 감탄했으며, 2004년에는 영국 여왕이 뉴발란스를 여왕상$^{Queen's\ Award\ for\ Enterprise}$에 선정하는 등 뉴발란스는 심지어 영국의 귀족들에게도 큰 지지를 받은 브랜드로 남게 되었다.

N시리즈는 계속된다

N320 출시된 후로도 뉴발란스의 N시리즈는 진화를 거듭했다. 뉴발란스의 대표적인 시그너처^{signature} 컬렉션은 320, 574, 890, 993 모델 등으로 확장되었고, 이중에 N시리즈의 시작이자 클래식 스타일인 320은 현재까지도 인기 있는 모델이다. 또한 우리나라에서도 연간 60만 켤레 이상이 판매되는 초 히트작 574 시리즈의 경우, 1980년대 첫 출시 이후 세대를 통틀어 인기를 얻으며 전 세계 최다 판매 2위를 기록한 바 있다. 나아가 아트 러닝화라 불리는 890의 경우는 다양한 상황에 적합한 멀티 기능을 탑재함으로써 눈길을 끌었고, 2009년 출시되어 '스티브 잡스 운동화'로 알려진 993는 그 혁신적인 편안함으로 신뢰와 명성을 이어가는 중이다.

이후로도 맨발 같은 편안함을 주는 신발로 알려진 '미니머스^{MINIMUS}, 출시되자마자 폭발적 인기로 국내에서 단 4일 만에 품절 사태를 빚은 '880 달마시안', 최근 또 한 번 업그레이드된 테크놀러지로 탄생한 '프레시폼$^{Fresh\ foam}$ 980'에 이르기까지, 뉴발란스의 N시리즈는 출시 때마다 화제를 낳았다.

▌N로고 모음 이미지

자기 기록을 넘어 신화를 쓰다

뉴발란스의 경쟁 상대는 항상 뉴발란스 자신이었다. 뉴발란스는 항상 이전보다 업그레이드된 제품으로 '자기 기록'을 깨왔다. 물론 연구개발이 실패로 돌아가거나 노력 끝에 내놓은 제품이 기대에 못 미칠 때도 있었다. 그럴 때도 뉴발란스는 주저하지 않고 다시 연구개발에 달려들었다.

지금이야 더 말할 필요가 없지만, 320이 출시된 시절에도 급변하는 패션 트렌드로 인해 신발 제품의 수명은 극히 짧은 편에 속했다. 최고 제품이었던 320의 인기도 출시 4년이 흐르자 시들해졌다. 새 제품을 개발해야 할 시점이었다.
이에 뉴발란스 연구개발팀은 1980년, 그 답으로 620을 내놓았다. 단정하고 깔끔한 검은색과 회색 배색이 돋보이는 디자인에, 무게 면에서도 그간 선보인 제품 중 가장 가벼웠다. 이 620에 대한 반응 역시 뜨거웠다. 620은 50달러라는 판매 가격을 최초로 돌파한 제품으로 자리매김하면서 이후 출시될 420과 730의 성공을 위한 포석이 되었다.

트레일화 시장을 개척하다

1990년대에 들어 뉴발란스의 기술력도 세상의 속도만큼 빠르게 진화했다. 시대 트렌드와 소비자들의 니즈에 부응해야 했다. 뉴발란스는 이 부분을 늘 염두에 두었고, 1990년대 중후반에 들어 하나의 대작을 내놓았다. 수많은 소비자들을 사로잡아 '베스트셀러' 자리에 오른 800시리즈가 그것이다.

800시리즈는 합리적 가격과 좋은 품질을 동시에 갖춤으로써 마케팅 없이도 고객들이 스스로 제품을 찾아 신게 만든 이른바 '고객형' 신발이었다. 여기에는 정확한 시장 분석이 주효했다. 1990년대는 트레일화(등산화와 워킹화의 중간)의 필요성이 부각되는 시기였다. 이에 뉴발란스는 1979

년 출시했던 트레일용 운동화 355의 경험을 되살려 발 빠르게 800을 내놓았다. 판매 가격은 90달러였다.

또한 1년 후에는 800을 업그레이드한 801을 출시했는데, 801은 출시한 그해에만 150만 켤레가 팔려나갔다. 1년 전 800이 올린 2만 5천 켤레 매출과는 비교가 되지 않을 정도였다. 울퉁불퉁한 지형에도 뛰어난 적응력을 자랑하는 801은 수많은 선수들의 상상을 현실로 만들며 트레일화 1위 자리를 꿰찼고, 여전히 베스트셀링 시리즈에 포함돼 있다.

나아가 801은 뉴발란스로 하여금 더 많은 제품 생산 욕구에 박차를 가하게 만들었다. 뉴발란스는 801 이후 지속적으로 제품을 업그레이해 802, 803, 804, 805를 제작함으로써 트레일화를 운동화 시장의 기본 상품으로 안착시켰다.

라이프스타일의 변화가 새로운 베스트셀러를 만들다

800 시리즈에 앞서, 1995년 출시한 뉴발란스의 첫 크로스 트레이닝화 MX650도 트렌드에 걸맞았다. 그간의 운동화들이 하나의 기능에만 주목했다면, 이제는 멀티 기능을 갖춘 운동화가 필요한 시점이었다. 여러 종목의 운동을 동시에 하는데 그때마다 신발을 바꿔 신을 수도 없으니, 하나의 신

발로 두 가지 이상 운동이 가능해야 했다.

결과적으로 크로스트레이닝화는 인기 품목이 됐지만, 사실 이 트레이닝화에 대한 짐 데이비스의 초기 반응은 부정적이었다.

데이비스는 여러 가지 운동을 위해 만들 경우 기능성이 떨어질 것이라고 염려했다. 하지만 사람들의 라이프스타일은 더 복잡해지고 바빠지고 있었다. 운동선수들도 멀티 기능이 있는 신발을 원했다. 데이비스도 결국 이 제품 개발에 동의함으로써 MX650이 탄생했는데, 이 제품은 훗날 크로스트레이닝이 성공적인 범주로 확장되는 데 지대한 영향을 끼쳤다.

사람과 기술이라는
두 마리 토끼

라인업이 다양해지고 기업 규모가 증대했음에도 뉴발란스는 '미국 내 생산' 원칙을 고수했다. 심지어 짐 데이비스는 '100% made in USA' 제품을 만드는 것을 최종 목표로 삼을 정도였다. 그러나 재료부터 인력, 제조 환경에 이르기까지 '100% made in USA'는 현실적으로 불가능했다. 가령 공정에서 소가죽을 쓴다고 할 때, 그 소가 미국에서 나고 자란 소이냐 아니냐의 문제로까지 거슬러 올라가야 하는 아주 복잡한 문제였다. 그럼에도 짐 데이비스는 늘 '100%'를 목표로 했는데, 이는 현실을 몰라서가 아니라 그만큼 국내 생산 제품에 대한 의지가 강했기 때문이다.

이를 위해 뉴발란스는 두 가지 준비를 했다. 하나는 '사람'이었고, 또 하나는 '기술'이었다. 제조 인력 운영을 대비하고 기술을 혁신해 '100%' 목표를 향해 전진하겠다는 계획이었다.

사람의 변화가 먼저다

우선 뉴발란스는 직원들의 교육과 훈련에 힘을 썼다. 특히 1997년에는 '지속적인 변화'라는 모토 하에 공동 작업에 대한 재교육이 실시되었는데, 이는 제조 환경이 작은 단위의 팀제로 바뀌면서 사람이 차지하는 부분이 커졌기 때문이다. 이 시기 뉴발란스에서 하나의 생산 라인을 맡는 팀원 수는 총 6명이었고, 제작 과정에 참여 비중이 높아지자 직업 만족도도 함께 올라가는 효과가 있었다.

덕분에 현장에는 자발적 의지가 넘쳐났다. 미국 내 생산 공장들끼리 정보를 공유하며 '지속적인 개선'에 도전하는가 하면, 짐 데이비스도 직원들의 의지를 높이 사며 감탄을 아끼지 않았다.

"미국 내 생산을 하고 있는 공장들이 아시아에서 생산하고 있는 공장들과 경쟁하기 시작했습니다. 현재 우리는 국

내 공장들과 모든 정보를 서로 공유합니다. 우리가 '이 제품을 중국에서 만든다면 15달러가 들 것입니다. 거기서 이익을 남기려면 몇 분 안에 만들어야 합니다'라고 말하면, 그들은 거기에 도전하고 그 도전을 이깁니다. 놀랍고 또 놀랍습니다."

더불어 광범위한 크로스 트레이닝도 실시됐다. 서로의 작업을 배워 서로에 대한 이해와 존중을 키워가고 각자의 역량까지 발전시킨다는 취지였다. 실로 직원들은 이 크로스 트레이닝을 통해 이 작업에서 저 작업으로 언제든 옮겨가면 서로의 빈자리를 채워줄 수 있었다. 이는 결과적으로 재고 수준과 작업 과정에서 발생하는 문제점들을 최소화하는 결과를 낳았고, 이처럼 작업 과정이 최소화되자 제품 품질과 생산성 향상도 뒤따랐다.

기술의 변화가 가져온 효율성

동시에 기술의 변화도 'Made in USA' 모토를 지켜가는 데 큰 역할을 했다. 일례로 1995년 컴퓨터 바느질 방식이 소개되자 생산량과 작업 환경에 많은 변화가 생겨났다. 대표적

▌데스마^{Desma} 기계는 100% made in USA를 만들 수 있게 했다.

인 예가 2002년 보스턴 공장에서 개발한 데스마 기계다.
 폴리우레탄을 몰드 안으로 넣어 밑창을 만들어내는, 혁신적인 이 기계는 무려 12초당 신발 한 켤레를 토해냈다. 이로 인해 뉴발란스는 밑창을 수입하지 않을 수 있게 되었고, '100% made in USA'에 한 발 더 다가갈 수 있었다.
 부수적인 변화들도 잇따랐다. 트레이닝 시간이 줄어들고

생산량은 많아지면서 업무 시간이 두 개로, 즉 아침 6시부터 오후 2시 30분까지 근무하는 시간대와 오후 3시부터 11시까지 일하는 시간대로 나뉘게 된 것이다. 직장 생활을 하며 자녀들을 돌봐야 하는 부모들에게는 반가운 소식이 아닐 수 없었다.

 상황이 이러니 업무 효율도 높아질 수밖에 없었다. 마이클 해머$^{Michael\ Hammer}$는 자신의 저서 『빨리 싸게 멋지게』$^{Faster,\ Cheaper,\ Better}$에서 열심히가 아니라 똑똑하게 일하는 게 중요하다고 강조한다. '가치시간/소요시간'이 '1'에 가까울수록 업무 효율이 높으며, '데드 타임'$^{dead\ time}$을 최소화하는 게 더 중요하다는 것이다.

 우리나라의 유한킴벌리 또한 근무시간을 탄력적으로 운영함으로써 효율을 높인 대표적인 사례다. 1993년 대전 공장을 4조 3교대 근무제로 개편한 데 이어, 외환위기 직후 나머지 생산 공장의 근무제를 3조 3교대에서 4조 2교대로 바꾼 유한킴벌리는 노동자들이 매일 12시간씩 4일을 근무하고 4일은 쉬는 형식으로 운영되고 있다. 한 주는 주간에 한 주는 야근에 근무하는 식이다. 또한 생산직이 아닌 관리직 직원들은 오전 7시에서 10시 사이 각자 편한 시간에 출근해 9시간을 근무하는 시차 출퇴근제, 영업직 사원들의 현지 출퇴근 제도도 운영 중이다.

　그리고 많은 우려에도 불구하고 현재 유한킴벌리가 업무 효율 면에서 성공적인 기업으로 평가받고 있는 것도 결국 마이클 해머의 말처럼 데드 타임이 줄고 가치시간이 늘어났기 때문으로 설명된다.

미국의, 미국에 의한 뉴발란스

중국은 '세계의 공장'이라 해도 과언이 아니다. 최근에는 인건비와 위안화 가치 상승 부담으로 예전만 못한 게 사실이지만, 여전히 중국은 전 세계인이 쓰는 대부분의 물품의 '공장' 역할을 톡톡히 하고 있다.

특히 신발 산업은 중국이 전 세계 신발 생산의 기지 역할을 해왔다고 할 만큼 중국 의존도가 심했다. 기업으로서는 높은 인건비 부담을 줄이고 생산량을 늘릴 수 있다는 점에서 중국이나 개발도상국들을 제조 거점으로 삼는 일이 불가피했던 것이다. 물론 그로 인해 인권 차별, 노동력 착취 등 기업의 이미지 추락과 함께 매출에도 결정적 영향을 끼친 불미스러운 사례들도 발생했다.

선진국에 불고 있는 리쇼어링 바람

하지만 요즘의 중국은 예전만큼 매력적인 제조 환경이 아니고, 상황이 이러니 오히려 선진국을 중심으로 리쇼어링[re-shoring] 바람이 불고 있다. 리쇼어링이란 싼 인건비나 판매 시장을 찾아 해외로 진출한 기업들이 다시 본국을 돌아오는 현상으로 오프쇼어링[off-shoring]의 반대 개념이다.

특히 미국은 국가적 차원에서 여러 세제 혜택과 지원을 아끼지 않으며 리쇼어링 정책을 적극 펼치고 있다. 또한 기업 입장에서도, 장기간의 불황으로 미국 내 인건비가 거의 오르지 않은데다 여러 가지 비용을 생각했을 때 자국으로 생산 시설을 되돌리는 것이 더 효율적이라고 판단한 듯하다. 미국 제조업 부활의 신호들이 미국 전역에서 감지되고 있기 때문이다. 실제로 지난해 미국 시사 주간지 『타임』[TIME]에서는 "미국에 제조업 르네상스가 일어나고 있다"는 표제 하에 'Made in USA'의 부활에 대한 기사를 싣기도 했다.

반면 뉴발란스는, 수많은 기업들이 약속이라도 한 듯 해외로 생산 시설을 옮겼을 때, 또한 미국으로 회귀하기 위해 리쇼어링을 고민할 때, 그들과 분명한 차별성을 보였다. 기업들이 중국과 개발도상국들로 몰려갈 때 오히려 지독하리

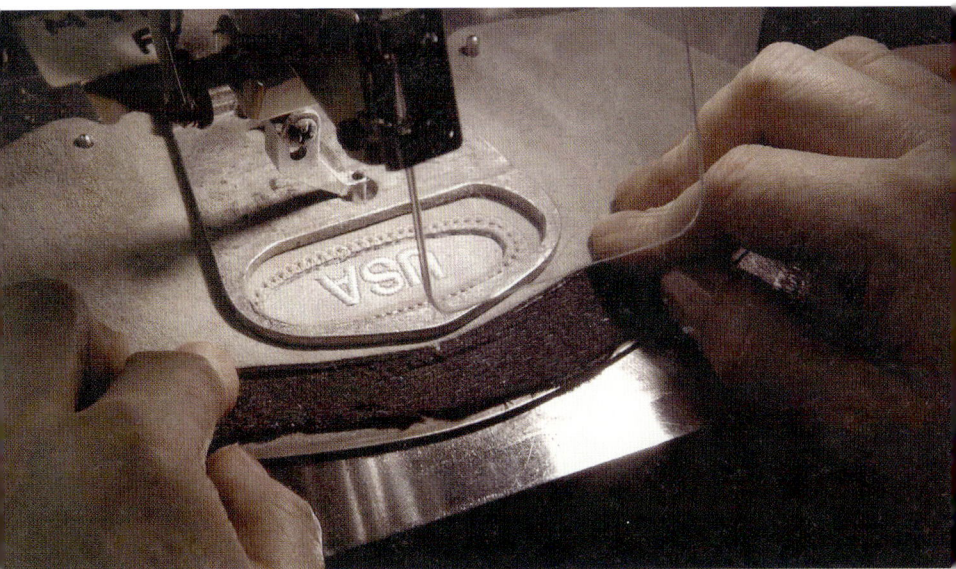

▌1989년, 뉴발란스는 미국에서 신발을 생산하는 얼마 되지 않는 회사들 중 하나였다. 당시 현금 부족에 시달리던 뉴발란스가 지불 연기를 요청하자, 거의 모든 공급 업체들이 동의해 주었다.

만큼 'Made in USA'를 고집한 덕분이다.

실로 뉴발란스는 1906년 미국 매사추세츠를 기반으로 태어난 이후 여전히 그 뿌리를 미국에 묻어왔으며, 자신들의 운동화를 미국 현지에서 생산한다는 점에 상당한 자부심을 가져왔다. 나아가 뉴발란스의 성장에 많은 기여를 했던 소매상들이 뉴발란스를 지지했던 이유 중에 하나도 'Made in USA'에 대한 신뢰 때문이었음은 두 말할 필요가 없을 것이다.

운동화 총량의 25%를 자국에서 생산하다

물론 현실은 달라졌다. 기업의 성장과 함께 미국 내 생산을 꾸준히 늘려왔음에도 물량을 감당할 수 없는 시점이 도래하자 뉴발란스도 중국, 베트남 등에 제조 공장을 설립해 생산량 증가와 함께 원가 절감을 시도해야 하는 상황에 도달한 것이다.

그럼에도 뉴발란스는 현재 뉴잉글랜드 지역의 5개(매사추세츠 주에 2개, 메인 주에 3개) 공장에 1,300여 명의 직원들을 두고, 매년 미국에서 팔리는 운동화 총량의 25%, 약 7백만 켤레를 생산하고 있다.

사실 뉴발란스에게 이처럼 미국 현지 생산을 고집하는 일은 상당한 경제적 부담일 수밖에 없다. 현재 미국 뉴발란스 공장 근로자들의 시급은 12달러 정도로, 중국 근로자의 10배 이상이다. 그나마도 위안화 상승 등으로 중국 근로자 임금이 상승한 결과다.

하지만 짐 데이비스는 효율적 관리만 가능하면 미국 내 생산을 고집해도 다른 회사들과 경쟁할 수 있다고 믿었다. 한 예로 미국 북동부에 위치한 매사추세츠 주의 공장 2곳, 인근인 메인 주의 공장 3곳의 경우는 매사추세츠 물류 센터와 접근성이 뛰어나다. 이에 대해 짐 데이비스는 다음과 같이 장담했다.

"미국 공장은 결코 우리에게 손해로 작용하지 않습니다. 'Made in USA'를 통해 고객들로부터 제품 퀄리티에 대한 신뢰를 얻을 수 있고, 공장에서 생산된 제품이 미국 내 매장에 직접 배송되기 때문에 보관 및 운송비도 절약되기 때문입니다."

나아가 그는 "미국 공장은 마케팅 차원의 상징적 조치가 아니"라고 강조하며, 생산성 역시 미국 내 공장들이 월등하다고 강조한다.

조사에 의하면, 미국 생산 공장의 경우 그 효율성이 아시아 공장에 비해 10배나 높은데, 이는 자동화 공정으로 인해 생산 시간이 최소화된 덕분이다. 아시아 공장의 경우 오로지 수작업에 의지해 한 켤레 당 4시간이 넘는 시간이 필요한 반면, 미국 공장에서는 운동화 한 켤레에 70분만 투자하면 되며, 그중에 수작업은 25분에 불과하다. 이 수치는 미국에서도 제조업이 부활 가능하다는 것을 잘 보여준다.

시스템 변화가 가져온 효율성의 극대화

앞서도 설명했듯이 필요할 때마다 정확한 양의 부품을 공급해 재고를 최소화하는 도요타의 절약형 생산 시스템도 뉴발란스의 효율성 극대화에 영향을 미쳤다. 이 생산 방식 덕분에 재고로 인해 발생하던 비용 중에 50만 달러가 절감되었다.

나아가 팀제 운영도 한몫했다. 그 전까지만 해도 모두 독립적으로 진행됐던 재료 커팅, 바느질, 패턴 작업 등을 팀으로 운영하면서 제작 시간이 단축되고 공간도 40% 이상 절약됐다. 나아가 공동 업무 트레이닝은 제품 불량율 감소를 낳았다. 팀원들이 서로 잘못된 부분을 짚어주거나 부족한 부분을 채워줄 수 있었기 때문이다.

뉴발란스는 현재도 미국 현지 생산에 대한 신념을 고집하는 동시에, 앞으로 미국 생산 비중을 더 늘리겠다는 야심찬 계획 또한 세우고 있다. 소비자들이 미국 내에서 생산되는 뉴발란스의 가치에 '제값'을 지불하고 있다는 점에서 'Made in USA'의 신념이야말로 뉴발란스의 뿌리를 굳건히 해주는 원동력임을 잘 알기 때문이다.

뉴발란스가 추구하는 'Made in USA'는 뉴발란스의 영리한

■ 뉴발란스는 제화 산업에서 처음으로 모듈식 시스템을 도입했다.

경영 방식이자 장인 정신을 지키기 위한 노력의 결과이기도 했다. 목수 카 밀러$^{Carr\ Miller}$의 이야기 또한 이 점을 잘 보여준다.

카 밀러는 아버지 스콧 밀러$^{Scott\ Miller}$와 '세컨드 스토리 나무

made in USA에 대한 약속

1978년 뉴발란스는 매사추세츠 주 로렌스^{Lawrence}의 오래된 공장 하나를 임차했다. 보스턴에서 40분 떨어진 북쪽에 위치한 이 공장은 원료를 보관하고 제조 공간을 넓혀 쓰기에 충분해 보였다. 물론 1938년 이후로도 줄곧 미국 내 생산이 이루어져왔지만, 이번의 공장 이전은 상징적인 의미가 있었다. 산업계에서 유행처럼 번지는 해외 제조 공장 설립을 열외에 두고 내린 결정이었기 때문이다.

이처럼 공간이 확장되자 직원도 더 필요해졌는데, 뉴발란스는 곧바로 매사추세츠 주 직업 훈련 프로그램의 도움으로 90명의 직원을 새로이 고용했으며, 그로부터 얼마 뒤에는 생산 시설을 더 확장했다. 노워크신발회사$^{Norwalk\ Shoe\ Company}$가 문을 닫으면서 이들이 소유하고 운영하던 메인 주에 있는 스코히건^{Skowhegan} 시설을 사들인 것이다.

회사'$^{2nd\ Story\ Wood\ Co}$를 운영하며 뉴발란스 상점들에서 사용될 신발 선반 제작을 맡고 있는 장인으로, 재사용 나무를 직접 톱질해 감탄할 만한 핸드메이드 가구를 만들어낸다.

이들은 손으로 만드는 것을 즐기는 장인 용접공이자 장인

1970년대 뉴잉글랜드 지역은 위기에 빠져 있었다. 수많은 공장들이 문을 닫으면서 실업자가 넘쳐났다. 하지만 뉴발란스에게 그곳은 여전히 많은 가치와 가능성이 남아있는 곳이었다. 실업자가 많다는 건 그만큼 숙련된 제화공들이 많음을 뜻했고, 그들이 일할 수 있는 시설 또한 충분했기 때문이다. 뉴발란스로서는 좋은 시설과 좋은 인력을 한 번에 얻어 국내 생산에 박차를 가할 수 있는 큰 기회였다.

반면 스코히건 지역민 입장에서도 뉴발란스의 입성은 호재였다. 실업자들은 다시 일자리를 얻었고, 버려졌던 공간들이 재사용됐으며, 생산 라인은 바쁘게 돌아갔다. 실업으로 고통 받던 지역에 다시 활기가 돌기 시작했다. 결과적으로 뉴발란스의 스코히건 공장은 스코히건의 꺼져가는 경제에 불을 지피는 계기가 되었다.

이후 뉴발란스는 계속해서 성장 그래프를 상승시켰고, 메인 주의 노리지웍(Norridgewock)에도 새로운 생산 시설을 가동함으로써 미국 생산량은 더욱더 늘어나게 되었다.

목수이며, 이들이 만들어낸 제품도 많은 이들의 사랑을 받고 있다. 카 밀러는 뉴발란스와의 사업에 대해 다음과 같이 말하고 있다.

"뉴발란스는 누구도 아닌 미국의 장인 목공소인 우리에게 미국산 뉴발란스 신발을 전시할 선반을 제작해 달라고 요청했지요. 여기에는 특별한 의미가 있습니다. 우리는 미국 내 뉴발란스 상점에서 사용될 신발 선반들을 모두 이곳 노스캐롤라이나에서 핸드메이드로 제작하거든요. 또한 선반 내 나무판자 위에 뉴발란스 로고를 프린트하는 것도 역시 미국의 인쇄업자들입니다. 뉴발란스는 미국의 장인들을 진심으로 믿고 따르는 회사입니다."

뉴발란스의 'Made in USA'가 장인 정신에 기대어 있음을 잘 보여주는 사례이다. 실로 뉴발란스 제품 4켤레 중 1켤레는 미국에서 판매되는데, 비단 소비자들뿐 아니라 이 신발들을 만든 미국 근로자들에게도 이는 하나의 긍지로 자리 잡고 있다.

직원들과의 약속,
'Made in USA'를 지속시키다

1972년 짐 데이비스는 뉴발란스 인수 계약에 사인을 하고 첫 출근을 한 날, 직원들에게 한 가지 약속을 했다. 시간당 월급을 0.25센트씩 올려주겠다는 약속이었다. 직원들은 놀라워 했고, 그들은 이 첫 만남에서 새로운 오너가 자신들을 어떻게 생각하는지를 금방 파악할 수 있었다. 비단 임금만이 아니었다. 이후 직원들은 이후 임금과 보상 문제, 그리고 작업 환경에 이르기까지, 직원들은 시간이 갈수록 새 오너의 약속이 다양한 형태로 이루어지는 것을 목격했다.

짐 데이비스에게 직원들이란 약속을 실천해야 할 또 하나의 대상이었다. 또한 그것만이 'Made in USA'를 지킬 수 있는 전략이었다. 특히 그는 제조 공장 직원들에게 큰 관심을 두었는데, 이는 직원들에 대한 다양한 처우 개선으로 이어졌다. 덕분에 직원들의 사기와 만족도가 높아지고, 생산성이 향상되었으며, 직원들의 회사 충성도가 커지고, 이런 사실이 알려지며 기업 이미지에도 긍정적인 효과가 나타나기 시작했다.

실제로 지난 2008년과 2009년 닥쳐온 경제 불황 때도 뉴발란스는 해고를 피했다. 'made in USA'와 미국의 일자리를 지킨다는 방침 때문이었다. 그 결과 뉴발란스는 자신들의 존재감을 알리며 브랜드 차별화에 성공할 수 있었다.

1994년 미국 내 뉴발란스의 생산을 극대화시키기 위해 뉴발란스 운영 부사장으로 취임한 허브 스피박[Herb Spivak]은 훗날 데이비스에 대해 다음과 같이 소회했다.

"제조업 운영에 관심이 많은 CEO는 흔하지 않았습니다. 90% 이상의 CEO들은 마케팅이나 판매, 재정 등에 관심이 더 많지요. 그러나 뉴발란스는 공장 직원들에 대한 처우 개선과 생산성 증대를 위하여 획기적인 결정들을 내리고 실천했습니다. 우리의 신발 공장에 에어컨이 나온다는 거 아십니까? 세계 어디에도 에어컨이 나오는 신발 공장은 없을 거예요. 게다가 우리는 인센티브제로 운영하던 월급도 시간제

로 바꿨습니다. 물론 리스크가 컸지만 생산량과 일하는 환경은 더 향상되었습니다."

뉴발란스는 인센티브제 월급을 시간제 고정급으로 바꾸었을 뿐 아니라, 기존의 인센티브 제도 역시 병행해 운영했다. 또한 '팀제'team를 통해 개인 성과급 기준으로 책정되던 인센티브를 그룹 인센티브 방식으로 바꾸어 생산량과 품질 향상을 유도했다. 이 모두가 1987년에 조립 라인에 도입한 모듈 시스템 덕분이었다.

모듈 시스템이 도입되기 전 조립 라인은 개인 중심으로 움직였다. 하지만 이 시기부터 14~15명이 팀을 이뤄 한 제품을 만들기 시작했다. 품질을 향상시키려면 같이 아이디어를 내고 뜻을 모을 수밖에 없었다. 이는 품질을 향상시키려면 팀을 만들라고 권한 품질관리 전문가 에드워즈 데밍W. Edwards Deming의 조언을 떠올리게 한다.

결과적으로 이는 매우 적절한 변화였다. 제품을 직접 생산하는 관련 팀원들이 머리를 맞대기 시작하자 문제에 대해 의견을 나누고 해결책까지 모색할 수 있었다. 이는 생산성만 높인 것이 아니라 기업 문화에도 커다란 영향을 끼쳤다. 앤 데이비스는 팀제가 가져다 준 효과에 대해 이렇게

팀웍[teamwork]은 뉴발란스의 '핵심 가치'[core value] 중의 하나이다.

말한다.

"우리는 항상 가족 같은 환경을 유지하며 일하려고 했어요. 하지만 회사 규모가 작았을 때와 비교하면 서로를 잘 알지 이해하지 못했지요. 그러나 팀을 구성하고 팀 중심으로 운영하면서 서로를 존중하게 되었습니다. 또한 모두가 자신이 옳다고 믿는 바를 거침없이 말할 수 있었는데, 이는 제품을 만드는 과정에 모두가 똑같이 참여했고 노력했기 때문이었지요. 그 시절, 우리의 제조 팀들은 'work cells'(일하는 세포들)라는 이름으로 불렸어요. 14명에서 15명의 사람들이 한 제품을 만들었지요. 그것은 제품을 만든 사람들에게 커다란 만족감을 주었고, 그러니 품질도 더 향상되었습니다."

신뢰와 존경의 팀 운영

시간이 지나면서 이 흐름은 전체 사업 분야에서 지속적인 향상을 끌어내는 전사적품질관리$^{Total\ Quality\ Management}$ 계획으로 변화했고, 이를 위해 뉴발란스는 그간의 기본 가치인 피트와 성능, 생산성, 진정성, 고객 만족에 팀워크를 추가했다. 제품을 생산하는 사람이 얼마나 중요한가, 그들에 따라 기업의 미래가 어떻게 달라지는가를 언급한 것이다. 앤 데이비스는 이와 관련해 '가치관의 공유'를 언급한 바 있다.

"새로운 기술은 가르칠 수 있지만 가치관은 가르칠 수 없어요. 만일 뉴발란스에서 성공하기를 바란다면 우리의 핵심 가치관을 믿어야 합니다."

회사의 가치관을 믿고, 서로에 대한 신뢰와 존경을 표하며 효율성을 제고한 소규모 팀 운영 제도는 이후 뉴발란스 기업 문화의 핵심으로 자리 잡았다.

> 에드워즈 데밍^{W. Edwards Deming} : 품질관리의 대가. 1930년대 이후 통계적 분석 방법을 이용해 제품의 질을 향상시키는 데 본격 관심을 갖게 되었다. 미국 정부의 벨연구소에서 근무하며 통계적 품질관리^{SQC}를 연구했고, 품질관리의 중요성을 주장했다. 제2차 대전 후 일본인 인구조사 고문으로 파견돼 일본 전역에 품질관리 방법을 전파했으며, 데밍의 품질관리를 실천한 일본 제품들은 품질은 유지하되 저비용, 다품종 대량생산을 함으로써 세계시장에서 영향력을 넓힐 수 있었다. 그때 만들어진 도요타, 소니, 혼다 등이 성장하는 데에도 데밍의 이론은 결정적인 영향을 미쳤다. 이로써 데밍은 '공정 관리의 대가'이자 품질관리의 선구자가 되었다.

미국에서
좋은 신발을 만들 수 있다면

1975년, 글로벌 시장으로 진출한 뉴발란스는 해외 제조 공장의 필요성을 고민하게 되었다. 국내 시설을 아무리 확장하고 인력을 충원해도 기하급수적으로 증가하는 물량을 감당할 수 없었던 것이다. 결국 뉴발란스는 아일랜드 트랄리^{Tralee}에 최초의 유럽 현지 제조 시설을 열었고, 그로부터 3년 뒤인 1981년에는 영국 워킹턴에 또 다른 제조 공장을 열었다. 같은 해 브라질, 아르헨티나와 제조사 및 유통회사와도 계약을 맺었다.

몇 년 뒤인 1987년에는 베이징 인근에 중국 공장을 세우고 중국 보하이 무역회사와 파트너가 되었다. 이후로도 뉴발란스는 베트남 등 다른 개발도상국들로 신발 및 관련 제품 생산 시설을 확장시켰다.

그러나 외형적으로 생산 시설 규모가 확장되기 시작한 이 무렵, 매출은 오히려 떨어지기 시작했다. 다급한 내부 논의 결과, 해외 공장들의 관리 부실이 지적되었다. 해외 고용 직원들이 운동화 산업은 이해하지만, 뉴발란스 자체는 이해하지 못하고 있다는 것이다. 이를 계기로 뉴발란스는 해외 사무실들과도 지속적으로 정보를 공유하고 팀워크를 가져야 한다는 점을 배웠다.

미래를 내다보는 시선

더불어 1987년 제조 공정에 일어난 급박한 변화도 뉴발란스에게는 고민이었다. 일본 자동차 산업에 영감을 받아 최초로 제화 산업에 도입한 모듈 시스템(부분별로 제작해 조립하는 것)이 그것이었다. 뉴발란스의 사례 이후 제화 산업의 통상적인 제조 방법으로 자리 잡았지만, 당시만 해도 이 모듈 시스템을 정착시키는 데에는 상당한 노력이 필요했다.

하지만 이들의 선택은 틀리지 않았다. 시대가 변하고, 제조 환경이 변하면서 몇 년 후 많은 제화 경쟁 업체들이 미국에서의 생산을 중단했을 때, 뉴발란스의 고문들도 데이비스에게 더 저렴한 생산지를 찾아야 한다며 끊임없이 압박했다. 그럴 때마다 데이비스는 모듈 시스템을 통해 얻을 수 있는 이점을 내세우고, 동시에 새로운 시장 개척이라는 답을 내놓았다. 그는 다음과 같이 말했다.

"경기 침체기 전략 목표는 단순히 생존하는 것뿐 아니라 경기 침체기 이후 성장에도 초점이 맞춰져야 한다. 다윈설이 말하는 적자생존의 시기를 거치며 약한 경쟁자들이 시장에서 사라진 그 이후의 시기에도 대비해야 하는 것이다. 이러한 전략을 수립할 때에는 어느 영역에서 경쟁을 하고 어떤 식으로 승리할 것인지를 고려해야 하며, 전략을 실행으로 옮기는 데 필요한 일련의 조치들을 염두에 두어야 한다."

새로운 시장을 개척하라

외부의 압박에 맞서 뉴발란스는 미국 내 생산량을 줄이지 않고도 기업을 유지할 수 있는 새로운 마케팅 전략을 세워야 했다. 바로 시장의 확장이었다.

당시 뉴발란스는 싱가포르 법인을 통해 싱가포르 군부대에 단독으로 신발을 공급하고 있었는데, 비슷한 시기 S&K

세일즈 회사도 미국 내 부대 300곳에 뉴발란스를 공급하기 시작했다. 당시 S&K의 회장이었던 리차드 스타인버그Richard Steinberg는 이 사업에 대해 다음과 같이 말했다.

"우리는 이 성능 좋은 운동화를 판매하는 일이 아주 자랑스럽다. 현재 밀리터리 마켓은 성장 일로에 있다. 군인들의 체력 보강에 중점을 두고 있고, 자연스럽게 런닝(구보)이 빠질 수 없는 체력 보강의 주요 요소가 되었다. 따라서 뉴발란스에게는 이상적인 시장이다."

이어서 달라스에 있는 육군과 공군 교환 시스템을 위한 특별한 신발도 제작했다. 이때 탄생한 신발들은 이후 뉴발란스 매출의 한 축으로 자리 잡았다.

나아가 뉴발란스는 이런 식으로 제작한 신발들에 "A more intelligent Approach To Building Shoes"라는 새로운 태그라인을 달았다. 신발을 만들기 위한 더 똑똑한 접근이라는 의미의 문구다.

이는 첫째, 뉴발란스의 기술적인 면을 부각하고, 둘째는 스마트한 작업을 중시하는 회사 방침을 선전하기 위해서였다. 또한 1992년, 뉴발란스는 다음과 같은 광고 문구를 사용함으로써 자신들의 자부심을 널리 알렸다.

"미국에서 더 좋은 신발을 만들 수 있다면, 왜 경쟁할 수

ⓒ Commonwealth Business Media.

없겠는가?"(If we can make great athletic shoes in America, why can't our competition?)

이 문구는 지금까지도 변함없이 뉴발란스의 생각을 대변하는 중요한 한 문장이자, 뉴발란스가 'Made in USA'의 신념을 잃지 않게 해준 중요한 힘이 됐다.

위기? 신념을 넘어서는 건 없다

1993년 뉴발란스 미국 연방거래위원회(FTC^{Federal Trade Commission} :우리 나라의 공정거래위원회처럼 독과점과 불공정거래를 규제하는 미국의 대표적인 경제 규제 기관) 시카고 사무소로부터 '거짓과 기만적인' 무역 활동을 했다는 고발을 받았다. 뉴발란스 신발이 'Made in USA'가 아니라는 이유였다. 그간 고집을 피우다시피 미국 내 생산을 추구해왔던 짐 데이비스로서는 이 사실을 인정할 수 없었다.

대부분의 회사들이라면 곧바로 "죄송합니다, 시정하겠습니다" 인정하고 법령 동의서를 작성했겠지만 데이비스는 달랐다. 그는 "뉴발란스는 미국에서 신발을 만듭니다. 몇 백 명의 우리 직원들이 매일매일 그 신발을 만들러 갑니다" 울분을 터뜨리며 즉각 항소했다. 짐 데이비스에게 이 사안은 지극히 도덕적인 문제였고 이를 헤쳐나갈 방법은 하나, 잘못된 고발과 싸우는 것뿐이었다. 무려 3년이나 계속된 이 싸움에 대해 앤 데이비스는 다음과 같이 회고한다.

"우리는 회사를 지켜야 할 도덕적 의무를 느꼈고, 'Made in USA'를 지켜야 했어요."

뉴발란스는 매사추세츠와 메인 주의 공장들에서 일어난 일을 문서로 기록해서 FTC에 보냈다. 하지만 그것만으로는 부족했다. FTC는 'Made in USA'라고 표기하려면 신발 제조에 쓰인 모든 제품이 미국에서 만들어져야 한다고 주장했다.

하지만 당시 제화 산업에서 이 기준에 만족시키는 제품을 찾기란 하늘의 별따기였다. 분명히 'Made in USA'에 대해 새로운 정의를 내려야 하는 시점이었다.

뉴발란스는 법적 대응을 이어가는 동시에 소비자들이 'Made in USA'를 어떻게 이해하고 있는지 파악해보기로 했다. 이를 위해 총 3차례의 연구가 진행됐는데, 3번의 연구 결과 모두 'Made in USA'는 최소한 70%의 공정과 재료가 미국에서 오면 충족된다는 결론을 내놓았다.

만반의 준비를 갖추고 재판을 기다리던 어느 날, 뉴발란스는 돌연 FTC가 고발을 철회했다는 소식을 들었다. 재판을 일주일 남긴 시점이었다. FTC는 결국 'Made in USA'의 '70% 기준'을 받아들이기로 한 것이다.

그날 이후 뉴발란스는 'Made in USA' 라벨을 지키는 동시에 품질 표시표 안에 'made in USA'는 70%의 일과 재료가 미국 것임을 뜻한다는 내용의 문구를 추가했다.

이후 이 땀과 눈물로 얼룩진 이 떠들썩한 싸움은 제화 산업 역사에서 가장 치열한 싸움으로 남았고, 대외적으로 뉴발란스의 브랜드 인지도를 높이는 결과를 낳았다. 결국 신념과 투지로 못 넘어설 위기는 없다는 점을 그대로 보여주었기 때문이다.

재정 위기마저 극복케 한 기업에 대한 믿음

뉴발란스는 소매상들과의 돈독한 관계를 통해 여러 번의 위기를 돌파해온 것으로 유명하다. 1980년대에 발생한 재정 고갈 상황에서도 마찬가지였다.

뉴발란스의 재정 문제는 수입과 지출의 불균형에서 시작되었다. 제품 공급 업체들은 빠른 지불을 원하는데, 소매상들의 대금 입금은 더뎌 나가는 돈은 많고 들어오는 돈은 없었다. 당연히 현금 흐름에 문제가 생길 수밖에 없었다. 당시 재무 담당 최고 책임자였던 존 가드너(John Gardner)에 의하면 당시 뉴발란스의 재정 상황은 "미국에서는 가난하고, 국제적으로는 거의 불치 수준"이라고 진단할 정도였다.

데이비스와 가드너는 자칫 잘못하면 회생이 불가능할 수 있다고 판단했고, 곧장 행동에 나섰다. 그런데 그 행동이란 게 독특했다. 일반적인 기업들처럼 투자를 유치하거나 돈을 빌리는 것이 아니었다. 국내 주요 공급 업체 담당자들과 일일이 만나 회사 상황을 설명하고 앞으로 어떻게 대금을 지불할 것인지 차근차근 설명한 것이 이들의 위기 해결책이었다.

놀랍게도 한 군데 업체만을 제외한 나머지 모든 업체들은 두 사람의 제안을 받아들여 대금 지불을 늦춰 주었다. 그들은 오랜 믿음을 토대로 데이비스가 약속을 지킬 것임을 알고 있었다. 그 약속은 곧 지켜졌다. 이후 모든 국내 공급 업체들이 1년 안에 대금을 지불받았고, 국제 공급 업체도 2년 반이 지나기 전에 모든 금액을 지불받았다.

재정 문제로 고충을 겪던 회사 영업 담당자들도 마찬가지였다. 그들은 돈 안 주는 공급 업체들에게는 닦달을 해야 했고, 소매상들에게는 수금 요구에 시달렸다. 하지만 그들도 데이비스나 다른 소매상들과 같은 마음으로 이 시기를 이겨냈다. 짐 데이비스의 오픈 마인드 덕분에 그들 모두가 회사에 무슨 일이 있고, 어떤 어려움이 있는지를 속속들이 알았던 덕에 서로 믿고 인내하며, 어려운 시기를 함께 넘길 수 있었다.

신발학교 프로그램 Shoe School

뉴발란스의 교육 프로그램은 크게 3가지다. 첫째는 내부 직원들에 대한 지원과 교육, 두 번째는 혁신과 예술, 그리고 과학이 함께 적용된 운동화 제조를 위한 장인들의 생산력 유지와 개발, 셋째는 소매상들, 기타 이해관계자들에 대한 가치 공유이다. 즉 모두가 내외부 파트너들을 대상으로 한다는 점에서 뉴발란스는 필립 코틀러가 『마켓 3.0』에서 언급한 '채널 파트너'의 중요성을 일찌감치 깨닫고 있었던 셈이다.

필립 코틀러는 채널 파트너를 "기업과 소비자들, 직원들의 혼성체"라고 말한다. 그에 의하면 채널 파트너는 "마치 자사의 직원들처럼 최종 수요자들에게 판매를 하고 소비자 접점을 창조해낸다. 기업의 협력자일 뿐만 아니라, 문화적 변화의 전달자이자 창조적 동맹이 된다는 점에서 채널 파트너는 3.0 시장에서 결정적인 역할을 수행한다."

뉴발란스가 업계 최초로 제공한 '신발 학교'Shoe School 프로그램은 채널 파트너를 어떻게 대해야 하는지를 잘 보여주는 일종의 교과서와 같다. 이 프로그램은 공장 제조 직원이 아닌 일반 직원들과 소매업자를 대상으로 한 것으로, 뉴발란스의 장인 정신을 알리고 생산 과정 정보를 제공하겠다는 목적으로 시작됐다.

이 학교의 주요 프로그램은 일반 직원과 소매업자들을 공장 시설로 초대해 공장을 둘러보고 제조 직원들과 만나 직접 신발 제조 기술을 체험할 수 있는 기회를 제공하는 것이다. 군더더기 없이 콤팩트하면서도 생산성 높은 린 제조 시스템, 낭비와 재고 없이 꼭 필요한 만큼의 재료와 부품으로 생산하는 도요타 생산 시스템, 여기에 뉴발란스만의 스티칭(바느질) 기술을 그대로 체험해볼 수 있는 만큼 이를 경험한 이들은 뉴발란스와 뉴발란스 제품에 대한 이해를 높이고 자부심을 키울 수 있다.

메인의 신발학교 프로그램을 경험한 피츠버그의 한 소매업자의 다음과 같은 이야기는 이 프로그램의 효과를 직접적으로 보여준다.

"오늘은 겸손했다. 스티치(바느질)는 내가 잘하는 분야가 아니지만, 모든 과정은 기분 좋았다. 제품에 대한 새로운 감사가 솟았고, 뉴발란스를 위해 일할 수 있게 해준 모든 직원들에게 큰 존경심을 표한다. 그들은 재료를 자르거나 스티치를 할 때, 펀치를 할 때 모든 순간에서 자부심을 보였다. 또한 제품을 생산하는 모든 순간마다 웃고 있었다. 신발 학교에서 오스카[Oscar], 아만다[Amanda], 줄리에[Julie]를 직접 만날 수 있었는데, 그들은 모두 생산 라인에서 일하는 직원들이자, 내 창고 안에 있는 제품 박스 겉면에서 익히 보아왔던 얼굴들이었다. 이 회사를 체험해보니 그들을 위해 일하는 것이 기쁘게 느껴진다."

신발 학교 프로그램에 참가한 이들은 아마 대부분 위와 같은 느낌을 받았을 것이다. '나는 뉴발란스의 일원이고 뉴발란스에 영향을 끼치고 있는 사람'이라는 인식이 자부심으로 자리 잡아, 이들 스스로 소비자와 기업을 연결시키는 중간자로 성장하게 만드는 것이다.

이 역시 필립 코틀러가 『마켓 3.0』에서 거론한 '소비자와의 접점'과 채널 파트너에 대한 논지와 맞닿는다. 그는 다음과 같이 말한다.

"3.0 시장에서는 소비자들이 핵심적인 권력을 행사한다.

그러나 안타까운 일이지만 모든 기업이 소비자들에게 직접 접근할 수 있는 것은 아니다. 대개의 경우 기업과 소비자사이에는 매개물이 존재한다. 즉 매개물이 되어주는 채널 파트너들이 제품을 시장에 유통시킬 뿐 아니라, 소비자 접점을 제공한다. 때로는 채널 파트너가 제조업체 자체보다 더 중요하다고 간주되기도 한다."

뉴발란스의 선택은 똑똑했지만, 한 가지 사실에 더 주목할 필요가 있다. 이 신발학교는 애초에 매출 신장을 위한 방편으로 만들어진 것이 아니라는 점이다. 생산 과정과 시스템에 대한 자부심, 그리고 뉴발란스를 지탱해온 핵심 가치의 공유가 이 학교의 우선 가치였으며, 매출 신장의 효과는 어디까지나 그 후에 따라오는 자연스러운 결과였다.

뉴발란스의 현지 공장들은 2003년부터 린^{Lean} 생산 방식을 도입해서 2001년에 8일 걸리던 처리 시간(한 켤레의 신발을 만드는데 소요되는 시간)을 2010년엔 2시간으로 단축시켰다.
또한 이렇게 생산된 제품의 결함 비율을 80% 줄였으며, 노동장 1인당 25% 더 많은 신발을 생산할 수 있었다. 현재에도 린^{Lean} 생산을 실행하고 있으며, 특히 리더쉽 규범, 표준 작업, 직원 문제 해결과 같은 분야에서도 린^{Lean} 경영 방법을 접목시키고 있다.

new balance

4장

향상을 넘어 새로움을 위한 뉴발란스의 마케팅

위기일수록
연구개발에 집중하라

모든 기업이 그렇듯이 뉴발란스도 커다란 두 번의 위기를 겪었다. 앞에서도 소개했지만 첫 번째 위기는 1980년대의 재정적 위기였으며, 두 번째는 1990년대 FTC의 고발로 인한 위기였다.

중요한 것은 그때마다 뉴발란스가 보여준 대응이다. 뉴발란스는 그 위기들에 연연하며 급조한 방책을 찾기보다는 기업의 핵심 가치인 제품력에 집중하고, 연구개발에 투자함으로써 승부수를 띄웠다.

특히 1993년 FTC가 'Made in USA'에 제동을 걸었을 때, 뉴발란스는 오히려 연구개발에 더 공격적으로 달려들었다. 그해 시장에서 팔려나가던 78개의 모델들 중에 30개가 새

모델이었을 정도다. 이 중에는 농구화가 4종, 등산 부츠 2종, 그리고 오프트랙 러닝화도 있었는데, 특히 480은 전통적이고 보수적 디자인에서 탈피해 대형 N 로고를 선보이는 등 획기적인 스타일로 젊은 층 고객들에게 어필했다. 뉴발란스의 국제 판매를 담당했던 애드 하다드[Ed Haddad] 지역 부사장에 의하면, 이 480는 뉴발란스의 위기를 반전시킨 '점프' 포인트였다.

연구개발만이 살 길이다

비단 위기 때만이 아니었다. 뉴발란스는 연구개발과 품질 향상만큼 좋은 마케팅은 없음을 알고 연구개발 투자에는 늘 과감했다. 1993년에는 300만 달러를 설비 계량에 투자했고, 이후 4년간 600만 달러를 연이어 투자했다. 디자인 면에서는 컴퓨터 사용을 늘리는 방향으로 선회했는데, 결과적으로 이는 제품 개발 시간을 단축시키는 효과를 가져왔다.

이듬해인 1994년에 소개한 서스펜션 시스템도 획기적이었다. 이 시스템은 운동선수 각각의 니즈를 충족시키기 위해 자동차의 서스펜션 시스템을 바탕한 것으로, 당시 연구개발 부사장 짐 톰킨스[Jim Tompkins]에 의하면 "서스펜션 시스템

뉴발란스의 '서스펜션 시스템' Suspension System™

자동차의 서스펜션처럼 뉴발란스의 서스펜션 시스템은 어떤 지형에서도 편안하고 부드러운 운동을 제공하도록 디자인되어 있다. 여기에는 다음과 같은 기술이 결합되어 있다.

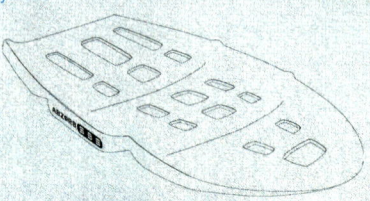

ABZORB®
발뒤꿈치와 전족부 충격을 최대한 흡수하는 쿠션재

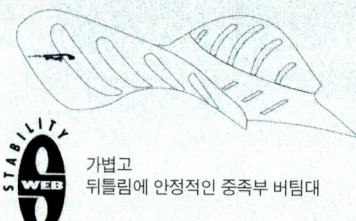

가볍고 뒤틀림에 안정적인 중족부 버팀대

T>S>2 transitional > support
발뒤꿈치 충격을 발가락 끝으로 부드럽게 이동시켜주는 다밀도 내부 버팀대

N LOCK
상부 중족부 구조의 강화된 버팀대

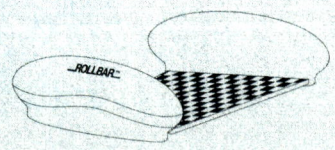

ROLLBAR™
후족부의 안정감을 최대화하도록 생체공학적으로 위치한, 흑연 소재의 가볍고 평평한 판형

이후 뉴발란스 신발은 시장에서 더 적절한 제품으로 자리매김할 수 있었다."

전문의들이 추천하는 뉴발란스

대부분의 사람들이 평생에 한번은 발 때문에 고통 받는다. 현재 뉴발란스는 의학계 전문의들이 가장 많이 추천하는 신발이다. 그중에서도 뉴발란스의 '프로케어 프로그램'은 전문의들의 강력한 지지를 받고 있는데, 이 프로그램은 신발 피트[Fit]와 서비스를 전공으로 한 '프로 딜러'들을 고용해 전문의들로 하여금 그들을 믿고 환자들에게 뉴발란스를 소개하도록 하는 프로그램이다.

나아가 뉴발란스의 핵심이라 할 수 있는 피트[Fit]를 위한 18개의 다른 발 모형이 개발된 것도 큰 성과였다. 가로 치수의 선택 폭을 넓히고, 다양한 발 모형으로 남자, 여자, 그리고 어린이를 위한 모델들을 제작했으며, 러닝, 워킹, 코트 등 기능까지 세분화해 더 많은 사람들에게 만족감을 안겨줄 수 있었다.

나아가 지난 2008년에 설립한 스포츠 리서치 연구소는 뉴발란스 제품 연구개발의 수준을 한 단계 더 끌어올렸다. 매

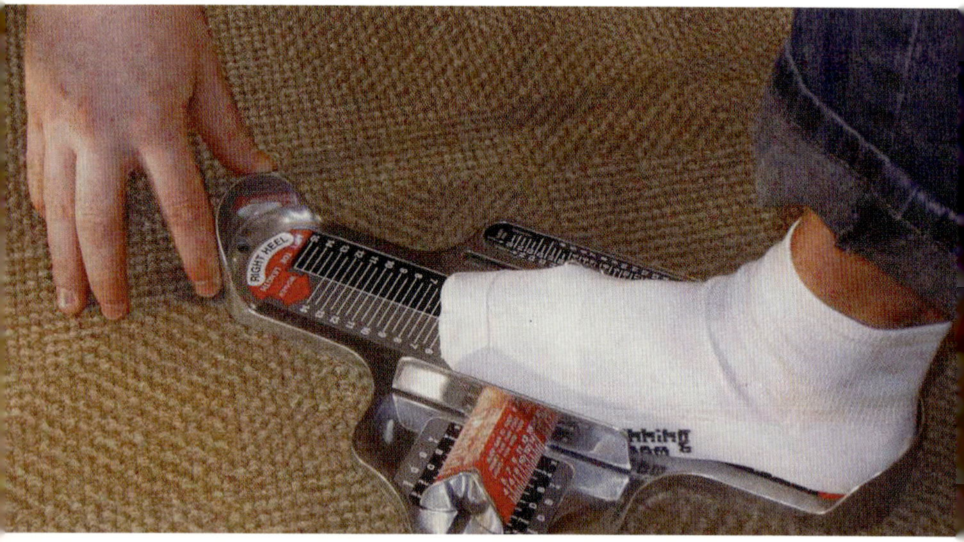

PROCARE®
FIT SPECIALIST
new balance®

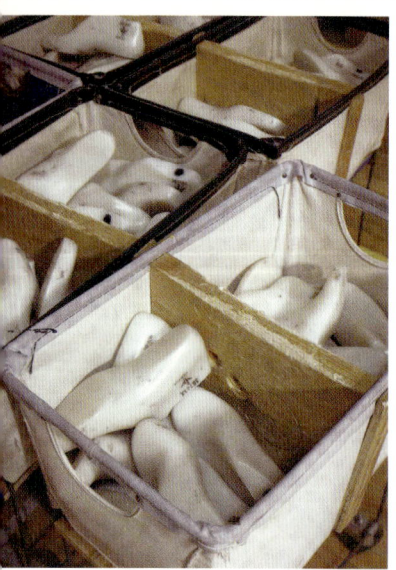

프로케어 프로그램은 의학전문의와 신발 딜러의 관계를 강화시켰다.

사추세츠대학교 애머스트캠퍼스의 신체운동학과 박사과정 학생들이 이 연구소의 개발에 참여함으로써 생체 역학, 스포츠과학 연구를 통한 새 디자인을 개발하고 기능성을 향상시키는 데 성공했다.

대공황 속
틈새시장 공략

뉴발란스가 점점 입소문을 타던 1929년, 뉴욕 월가를 시작으로 세계 대공황의 공포가 엄습했다. 뉴욕주식거래소에서 주가가 대폭락하면서 시작된 이 대공황은 1933년 말까지 지속되어 1939년까지 그 여파가 이어질 정도로 세계경제에 큰 타격을 입혔다. 이 기간 동안 수많은 기업들이 도산하고, 전체 근로자의 30%까지 실업자로 전락했다.

이런 상황에서 뉴발란스 같은 중소기업이 살아남기란 결코 쉬운 일이 아니었다. 그럼에도 뉴발란스는 오히려 이 시기 새로운 성장 발판을 다지게 되는데, 이야말로 우리가 뉴발란스에 주목해야 할 또 하나의 이유를 보여준다.

작고 알찬 기업으로 대공황의 위기를 넘기다

윌리엄 라일리는 대공황이 시작된 해인 1929년, 아치 서포트로 첫 특허를 따냈다. 이어서 라일리의 사업 파트너였던 러드케도 우편 주문 프로세스 'Pedegraph box'로 특허를 신청했다. 뉴발란스가 주변의 대규모 신발 회사들이 겪은 도산이라는 불행을 피해갈 수 있었던 것도 이 두 특허의 조합 덕분이었다. 주문-생산-배송 방식이 시스템으로 구축되자 기업 규모를 소규모로 유지하면서 제품의 혁신성까지 도모할 수 있게 된 것이다. 또 하나, 세일즈맨 아더 홀이 뉴발란스를 부분적으로 소유하며 영업 담당 파트너로 합세하게 된 것도 새로운 전환점이 되었다.

대공황의 여파가 가시지 않았던 1938년, 라일리는 첫 러닝화 제작을 시도했다. 보스턴글로브 소속인 제리 네이슨이 창시한 지역 러닝 클럽 '보스턴 브라운백 해리어스'the Boston Brown Bag Harriers를 위한 수제 스파이크 러닝화를 만들기 시작한 것이다.

이 클럽의 멤버로서 차후 유명 육상 선수로 성장한 댄 맥브라이드Dan McBride는 1938년 라일리를 처음 만났다. 그가 다니던 벨몬트고등학교 운동장으로 윌리엄 라일리가 직접 찾

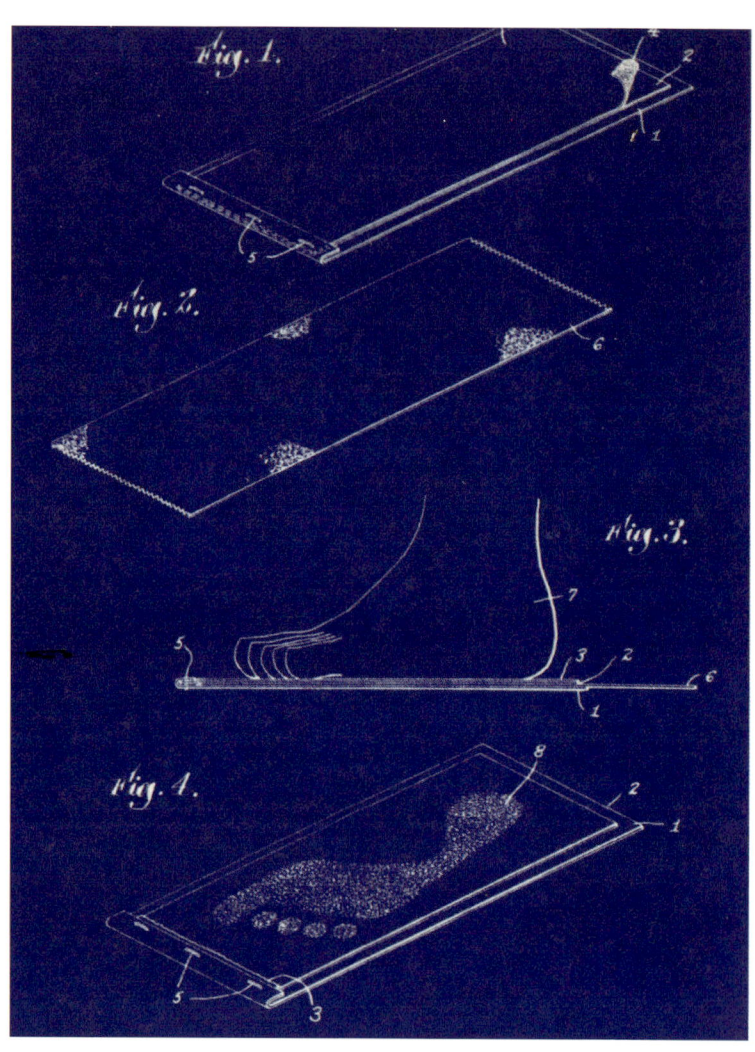

■ 특허 투사지

1938년 첫 뉴발란스 러닝화

아온 것이다. 라일리는 맥브라이드를 포함한 소년 육상 선수 멤버들을 만나서 그들의 신발을 유심히 살펴보더니 자신이 더 편하고 좋은 신발을 만들어 줄 수 있다고 단언했다. 그리고는 만일 자신이 만들어온 신발이 불편하다면 값을 치르지 않아도 좋다는 말까지 자신 있게 덧붙였다.

그로부터 2주 후, 윌리엄 라일리는 특별 제작한 6켤레의 캥거루가죽 러닝화를 들고 나타났다. 캥거루 가죽은 가벼우면서도 튼튼하기로 유명한데, 뉴발란스의 첫 러닝화는 그렇게 윗부분은 검은 캥거루 가죽을, 밑창으로는 크레이프 고무를 댄 제품이었다.

이 러닝화를 신어본 맥브라이드는 이 신발이야말로 자신에게 완벽하다는 점을 깨닫고 7달러의 값을 지불했으며, 이후 그가 이 러닝화를 신고 자메이카 평원에서 열린 '레디쉬

로드레이스'Redish Road Race에 출전했다.

운동 클럽 마니아들이 키운 기업

 입소문과 함께 제품 수요가 늘어난 1930년대 말, 뉴발란스는 더 많은 물량 제작을 위해 공장을 캠브리지로 옮기면서 100~200켤레의 신발들을 한꺼번에 제작하는 일이 가능해졌다. 그 무렵 뉴발란스 러닝화는 운동 클럽을 중심으로 빠르게 입소문이 돌고 있었고, 1941년부터는 농구화, 야구화, 테니스화, 권투화까지 생산하게 되었다. 나아가 대표적으로 1941년 메이저리그 팀이었던 보스턴 브레이브스 같은 유명 선수들이 속속 뉴발란스 마니아 대열에 동참하기 시작했다.
 특히 브레이브스는 케이시 스텐젤Casey Stengel 감독과 함께 특별 제작된 뉴발란스 야구화를 신은 것으로 유명한데, 그는 뉴발란스 홍보 대사를 자처하며 뉴발란스의 특별함을 직간접적으로 알려낸 이였다. 비단 브레이브스만이 아니었다. 이후에도 많은 유명 선수들이 뉴발란스에게 러브콜을 보내면서 뉴발란스는 서서히 스포츠 셀러브리티들의 필수 품목으로 주목 받기 시작했다.

위대한 회사를 만든 어떤 순간, 트랙스터

모든 위대한 회사들에게는 그들을 위대한 회사로 만든 위대한 순간이 존재한다. 뉴발란스의 경우는 제품이 시장에서 환영받는 순간이 그랬다.

1960년 탄생한 트랙스터^{Trackster}의 대성공도 그런 순간들 중 하나였다. 트랙스터는 기능적인 면은 물론 스타일에서도 앞서나간 본보기로서, 세계 최초의 가로 사이즈와 기능성 물결무늬 밑창 등 5년이 넘는 연구개발 기간을 거쳐 탄생했다.

트랙스터는 1953년 폴 키드와 앨래노어 키드 부부가 회사를 인수한 후 내놓은 첫 번째 결실이자, 1956년 회사명을 '뉴발란스 정형 연구소'^{New Balance Orthopedic Laboratory}로 바꾼 후 내놓은

▍뉴발란스의 트랙스터

첫 작품이기도 했다. 윌리엄 라일리가 84살의 나이로 세상을 떠난 이후 다시 변경된 이 사명은 두 가지 뜻을 내포하고 있었다. 하나는 새로운 과학적 결과물들이 나오는 곳이라는 의미, 또 하나는 새로운 신발을 계속 개발하겠다는 약속이었다. 그리고 그 두 의미가 합쳐진 결과물이 바로 트랙스터였다.

전문가들이 만들어낸 밀리언셀러, 트랙스터

폴 키드는 회사 인수 후 약 5년간 전문 러너의 다양한 의견들을 토대로 어떻게 하면 더 좋은 운동화를 만들까를 연

■ 뉴발란스 정형 연구소　　　　　　　　　ⓒ Corbis

구했다. 트랙스터는 그 연구의 결과였다.

　트랙스터는 실로 혁신성이나 기능성, 최상의 품질 면에서도 타의 추종을 불허했다. 세계 최초로 발 너비에 따른 가로 사이즈 multiple widths를 추가해 진정한 편안함이 무엇인지를 보

■ 베스트셀러 작가 켄 쿠퍼Ken Cooper 교수는 1961년 보스톤 마라톤 대회에서 뉴발란스 트랙스터를 신고 뛰었다. 베스트셀러 '에어로빅'에서는 뉴발란스 트랙스터를 소개하고 있다.

여주었고, 물결 모양의 밑창은 충격 흡수, 부상 방지 면에서 전문 러너들, 운동 코치들은 물론 대중들에게도 폭발적인 인기를 끌었다. 트랙스터를 경험한 이들의 찬사도 줄을 이었다. YMCA의 체육 이사였던 로버트 맥글론[Robert E. McGlone]은 트랙스터에 대해 다음과 같이 말했다.

"당신들의 신발은 그냥 대단하다고 말할 수밖에 없군요."

트랙스터의 개발로 뉴발란스도 성장의 시기를 맞이했다. 폴 키드 부부는 트랙스터를 운동 감독 클리닉에서 홍보하는 전략을 사용했는데, 역시 트랙스터를 접한 선수들과 감독들은 이를 다른 사람에게 적극 추천하는 식으로 그 전략에 부응했다.

대학과 고등학교의 육상 팀에서도 트랙스터의 인기는 대단했다. 매사추세츠공과대학교[MIT], 터프츠대학교[Tufts University], 그리고 보스턴대학교[Boston University] 크로스컨트리 팀에서 뉴발란스 트랙스터를 신었고, 다른 대학들과 사립고등학교들도 이 추세를 따랐다. 심지어 트랙스터는 YMCA 피트니스 프로그램[Fitness Program]의 '비공식 신발'이 되기도 했는데, 이는 캠브리지 YMCA 직원 알 멜러비[Al Melleby] 덕분이었다.

그는 1960년 즈음 미국 전역 YMCA에서 인기를 끈 YMCA 피트니스 프로그램[Fitness Program]을 만든 이로서, 그의 프로그램이 인기를 끌면서 그가 지지하는 트랙스터의 판매도 함께 상승했다.

에어로빅 운동법의 최초 개발자인 케네스 쿠퍼 교수도 트랙스터 마니아였다. 쿠퍼 교수는 1961년 보스턴 마라톤에서 트랙스터를 신었고, 그 덕에 처음으로 마라톤을 완주할 수 있었다. 이후 그는 1967년 발간된 『에어로빅』Aerobics으로 베스트셀러 저자가 됐고, 이 책에서 트랙스터의 전유물인 물결 모양 신발창을 언급함으로써 트랙스터 판매에 다시금 불을 당겼다.

이처럼 수많은 사람들이 열성적인 지지를 보냈음에도 뉴발란스는 그들에게 어떤 사례나 보상도 하지 않았다. 제품력에 대한 자신감이 없었다면 불가능한 일이었을 것이다.

물론 그런 결정에 모두가 박수를 보내는 것은 아니었다. 전설적인 아마추어 육상 선수 조니 켈리Johnny Kelly의 경우, 1959년 쿠퍼 교수에게 뉴발란스를 소개한 장본인인데도 키드 부부가 신발을 협찬해주지 않자 더는 트랙스터를 신지 않겠다고 선언했다. 그러자 폴 키드는 그에게 이렇게 말했다고 한다.

"만약에 신발을 신고 싶다면 누구나 값을 치러야 해요. 예외는 없습니다."

하지만 마음이 상해 돌아섰던 켈리는 결국 다시 뉴발란스의 품으로 돌아왔다. 그는 1962년 미국아마추어육상연합(National A.A.U.) 마라톤 대회에서 4위를 차지한 뒤 폴 키드에게 자신의 사진을 보냈다. 사진에는 "나의 제화공인 폴 키드에게, 조니 켈리로부터"라는 사인이 담겨 있었다.

뉴발란스에 찾아온 두 번의 위기

트랙스터에 대한 수요가 계속 증가하자 뉴발란스는 1966년 워터타운 벨몬트스트리트로 회사를 이전했다. 그로부터 2년 뒤, 뉴발란스에 큰 위기가 닥쳤다. 1968년 쏟아진 폭우로 공장이 침수된 것이다. 뉴발란스 건물 뒤편에 살던 몇몇 이웃들이 자신들의 뒷마당을 비포장도로까지 늘리는 바람에 뒷마당 댐에 막혀 도로로 흘러든 빗물이 다시 뉴발란스 건물로 흘러든 탓이었다. 이 빗물의 수위는 거의 2피트에 육박했고 설상가상 홍수에 떠내려 온 전봇대가 문과 충돌하면서 순식간에 약 927㎡의 공간에 5피트(1.5m) 높이의 물이 쏟아져들었다. 기계와 물품은 남김 없이 물에 잠겼고, 보험 처리조차 받을 수 없었다. 다행히 기계를 압축기로 말려 다시 작동할 수 있었지만, 폭우 피해가 워낙 커서 이 복구에만 몇 년이 소요되었다.

하지만 위기도 이들을 멈추게 하지는 못했다. 1970년 1월 1일, 폴 키드 부부는 '뉴발란스 정형 연구소'라는 사명을 '뉴발란스 운동화 주식회사'로 변경했다. '정형 연구소'라는 이름이 당시의 시장 상황에서 더는 흥미롭지 않다고 판단해서였다. 그해 뉴발란스는 또 한 번 어려움과 맞닥뜨렸다. 테니스 라켓 회사 '더해드스키 컴퍼니와'[The Head Ski Company]의 납품 계약 문제였다.

라켓 외에 테니스화로까지 사업 확장을 계획하고 있던 더해드스키의 요청에 따라 테니스화 샘플을 보낸 뉴발란스는 거의 거래가 성사된 것으로 믿었다. 그럼에도 더해드스키 컴퍼니 측은 늦여름까지 주문을 미루었는데, 뉴발란스 측은 이미 여름 무렵에 납품 물량 전량을 만들어둔 차였다.

그 와중 더해드스키 컴퍼니 측에 문제가 터졌다. 여러 사내 상황 변경으로 주문 약속을 지킬 수 없다고 통보해온 것이다. 뉴발란스는 더해드스키의 회사 이름까지 모두 박아놓은 테니스화를 어찌 하지 못해 난처한 상황에 직면했다. 이에 더해드스키 컴퍼니는 이 테니스화를 한 켤레 당 10센트에 사겠다고 제안해왔다. 폴 키드 부부는 이를 거절했다.

키드 부부의 헌신이 발판이 되다

그들이 택한 것은 잡지 판매 광고였다. 그들은 잡지에 이 제품을 직접 팔겠다는 광고를 냈고, 결국 몇 백 켤레의 신발을 파는 데 성공했다. 또한 더해드스키 컴퍼니와의 일을 경험 삼아 기업의 주문 납품 방식보다 고객 개개인들에게 제품을 판매하는 방식이 훨씬 안전하다는 점을 배웠다.

홍수와 함께 첫 위기를 겪었던 1968년 이후 3년간, 폴 키드 부부는 단 한 번의 휴가도 없이 회사에 헌신했다. 하지만 세월에 따라 노쇠해진 육체는 물론, 해묵은 투자 문제로 회사를 팔 수 밖에 없다고 판단했다. 그렇게 뉴발란스가 세 번째 주인을 맞게 되는 시점이 도래하고 있었다.

땀에 젖은 사람들의 찬사 '트랙스터'

1949년, 윌리엄 라일리는 70대 중반의 나이로 은퇴했다. 당시 판매 매출은 22,099달러로 1931년을 기준으로 7% 상승에 그쳐 있었다. 라일리의 은퇴 후 아더 홀이 나서서 회사 경영과 판매에 집중했지만, 1950년에는 오히려 매출이 13,551달러로 하락했다. 라일리와 홀, 두 명의 뉴발란스 주인은 회사를 팔지 말지 고민을 할 수밖에 없었다.

1953년까지 라일리의 빈자리를 채우며 회사를 맡아 운영했던 아더 홀은 그해 12월, 그의 딸 앨래노어와 사위 폴 키드에게 회사를 인수할 의사가 있는지 물었다. 브라질에서 3년간 파이어스톤(미국의 타이어 제조 회사 브리지스톤파이어스톤의 설립자)을 위해 일하다 돌아온 폴은 홀의 제안에 관심을 보였다. 그는 아내 앨래노어와 초등학교 때부터 친구였으며, 덕분에 스무 살이던 1929년 아더 홀로부터 뉴발란스 신발을 선물받은 뒤로는 줄곧 뉴발란스만 신어온 마니아였던 것이다. 며칠의 고민 끝에 폴과 앨래노어는 10,000달러에 회사를 인수했는데, 이는 아더 홀이 제시한 가격의 절반 수준이었다.

폴과 앨래노어 키드 부부는 환상적인 팀이었다. 회사는 새로운 경영자를 맞아 새로운 아이디어와 에너지로 넘쳐났다. 폴은 제품과 판매 성장에 많은 시간을 투자했고, 앨래노어는 고객 담당과 전화 응대를 맡았다.

하지만 두 사람의 열정에도 불구하고 첫해 판매량이 그리 대단한 건 아니었다. 그럼에도 키드 부부는 1954년, 수익금의 일부를 미국 적십자사에 기부했으며, 이는 훗날 뉴발란스가 여러 단체를 후원하는 사회 환원 역사의 출발점이 되었다.

인터넷 웹사이트 활용을 통한 고객 분석

지난 1997년 뉴발란스는 또 한 번의 '최초' 기록을 세웠다. 제화 산업에서 최초로 기업과 고객 쌍방향의 인터넷 웹사이트 '사이버파크 USA'를 선보인 것이다. 이 사이트는 뉴욕, 보스턴, 시애틀, 로스앤젤리스에 있는 인터넷 카페에서 처음 소개되었는데, 건강과 수명, 맞춤 다이어트 방법과 식단, 어떤 운동이 적합한지에 대한 정보 등을 제공하는 동시에 발 사이즈를 측정해주고, 뉴발란스 의류와 신발의 온라인 카탈로그도 제공했다. 더 특별한 메뉴도 있었다. 『맨즈 헬스』, 『러너스 월드』, 『우먼스 스포츠&피트니스』 등의 잡지와 제휴해 제공하는 정보들이 그것이다. 이 정보들은 사이트 내에 있는 사이버 스테이션을 통해 공유했는데, 스테이션 이름도 각자의 내용과 개성에 맞게 '심장 중앙'$^{Cardio\ Central}$, '땀 흘리는 총탄들'$^{Sweating\ Bullets}$, '원기회복 스탠드'$^{Refreshment\ Stand}$의 섹션들로 나누어져 있었다. 이 스테이션들은 레이스와 마라톤 정보, 실내외 트레이닝 정보, 영양 식단과 레시피, 부상 방지 정보 등을 제공했다.

사실 이 사이트의 목적이 정보 제공에만 있는 건 아니었다. 쌍방향으로 이뤄지는 온라인상 소통이 고객의 정보들을 역으로 뉴발란스 측에 제공해주었기 때문이다. 뉴발란스는 이 사이트를 통해 고객 혹은 잠정적 고객들이 현재 어떤 생각을 하며 어떤 니즈가 있는지를 파악할 수 있었고, 이처럼 많은 데이터를 수집할 수 있었던 덕에 고객이 원하는 바를 한 발 앞서 제공할 수 있었다.

뉴발란스는
빅모델을 기용하지 않는다

　뉴발란스의 현재 제품 라인업은 크게는 여성, 남성, 키즈로 나뉘어 있다. 여기서 또 한 번 기능성과 라이프스타일로 나뉘며, 각각 카테고리 안으로 들어가면 또 다시 러닝, 워킹, 아웃도어, 트레이닝 등으로 세분화돼 있다.
　나아가 각 시리즈별로 기술과 재료 면에서 차이가 있는데, 기능을 최대화하기 위해, 또는 특별한 소비자 계층을 위해 최적화된 기술 및 재료를 사용한다. 한 예로 여성을 위한 최초의 러닝화 W320의 경우는 미적 측면을 고려해 굽을 높였고, 뉴발란스 키즈 라인 제품에는 포름알데히드가 포함된 재료는 전혀 쓰지 않고 있다.

이 같은 뉴발란스의 다각화, 시장 세분화 전략은 매출 신장이나 기업 확장만을 위한 것은 아니었다. 처음부터 기능성 신발로 시작했던 만큼 다양한 소비자의 액티비티 성향에 따라 다른 제품이 필요하다고 판단한 덕이며, 때로는 소비자가 먼저 뉴발란스에 특정 신발의 제작을 요청해오기도 했기 때문이다. 그 결과 현재 뉴발란스는 일반적 제품 라인에서부터 특수한 범주에 속한 고객들을 위한 제품까지 그 종류가 무척 다양하다.

세분화 전략으로 시장을 다양화하다

뉴발란스의 시장 세분화가 본격적으로 진행된 것은 1980년대 전후를 기점으로 한다. N320의 출시 성공에 이어 W320 역시 출시 후 성공을 이어가던 시기였다. 1970년대에는 달리기 붐이 일면서 러닝화에 시장이 집중되었다면, 1980년대는 주변 환경이 빠르게 발전하고 사람들의 관심사도 다각화되던 시기였다.

뉴발란스는 이 흐름을 놓치지 않고 러닝화 이외의 제품 개발에도 주력함으로써 테니스화를 시작으로, 축구화, 농구화, 등산화 등까지 생산 범주를 확대했으며, 심지어 에어로빅화까지 생산하는 등 소수 고객들의 성향까지 고려했다. 비록 에어로빅화의 경우는 시행착오로 결론이 났지만, 이 세분화 전략은 결국 새로운 시장의 개척으로 이어졌다. 지금은 뉴발란스 제품 라인의 한 축을 차지하게 된 밀리터리 제품 시장 개척이 그것이다.

  1980년대 후반, 데이비스는 재정 위기를 돌파하기 위해 밀리터리 마켓 진출을 선언했다. 당시 성장 중이던 밀리터리 마켓은 체력을 중시하는 군부대의 특성상 기능성 제품과 찰떡궁합이었고, 데이비스의 전략은 결과적으로 회사에 엄청난 이득을 가져다주었다. 소비자의 니즈와 시장 흐름을 정확히 분석한 결과였다.

세대를 넘어선 클래식으로

  한편 뉴발란스의 세분화 전략 중에 세대 전략은 오히려 다른 기업들에 비해 단출한 편이다. 다른 기업들이 각 세대별 제품 라인을 경쟁적으로 선보이는 반면, 뉴발란스는 오히려 모두에게 어울릴 법한 클래식한 제품에 치중한다. 언뜻 트렌드에 대한 반응 속도가 느리다고 판단할 수도 있다. 그러나 역설적이게도 뉴발란스에게는 이것이 전략이다. 뉴발란스에게는 오랫동안 뉴발란스의 고객으로 충성해온 중장년층 고객들이야말로 핵심 타깃이기 때문이다. 짐 데이비스 회장은 이렇게 말한다.

"경쟁 업체들은 10대 고객을 잡는 데 열중합니다. 우리도 디자인을 개선하고 화려한 색상을 집어넣어 젊은 층을 공략하지요. 그러나 전 세계적으로 젊은 인구는 감소 추세입니다. 수명이 늘어나면서 중년, 노년 고객들이 오히려 운동에 열심이지요. 1970년대부터 우리 신발을 애용했던 중년 고객들을 잡아야 한다고 생각했고, 그래서 초기 모델에서 큰 변화를 주지 않는 기능성 운동화를 계속 만들어 팔고 있습니다. 스타 마케팅에 의한 요란한 광고를 하지 않는 것도 같은 이유입니다. 우리는 충성도 높은 중년 고객들을 잃고 싶지 않습니다. 실제로 한번 뉴발란스를 이용해본 고객들은 웬만해서 경쟁 업체로 가지 않지요." ─ 조선비즈 2012년 2월 10일

고령화라는 또 하나의 트렌드

이 발언은 짐 데이비스의 시장을 파악하는 눈이 얼마나 정확한지를 보여준다. 현재 고령화가 전 세계를 통틀어 피

할 수 없는 핵심 이슈로 떠오르고 있는 만큼 수많은 산업 군이 여기에 주목하고 있다. 실로 많은 연구 결과들이 중년 이후 고객들의 소비자 파워를 증명하고 있는 이 시점에 클래식 제품에 집중한 것은 아주 현명한 전략이었음에 틀림없다. 톰 피터스는 『리틀 빅 씽』에서 이렇게 말한다.

"(고령화로 인한) 인구 구조의 변화가 사회 변화를 초래한다. 미국인은 일생 동안 평균 13대의 자동차를 구입한다. 이 가운데 7대의 차량은 50세 이후에 구매한다. 이를 코드로 정리하면 13-7-50이 된다. 글로벌 시장조사 분석기관인 포레스터리서치Forester Research에 따르면 55세 이상이 온라인 금융 활동, 쇼핑, 연예 활동에서 55세 이하보다 더 활동적인 것으로 나타났다. …… 고령화 세계가 몰고 올 새로운 기회의 세계가 열리고 있다."

심지어 『리틀 빅 씽』이 출간된 2010년으로부터 4년이 흐른 지금 이미, 고령화 이슈에 따른 새로운 시장이 생겨나고 있으며 기업들도 앞다퉈 이 시장에 진출하고 있다. 결국 뉴발란스는 남들보다 시대를 앞서서 움직이고 있었던 셈이다.

글로벌 시장의 세분화, 마케팅도 고객 성향 '맞춤'

1975년, 처음으로 해외로 진출한 뉴발란스는 현재 전 세계 120여 개 나라에 지사를 가진 초 글로벌 브랜드로 성장했다. 뉴발란스가 해외 시장에서 각광받았던 가장 큰 이유는 첫째는 품질력이었지만, 국가나 지역 특성에 따라 다른 전략을 수립한 것도 큰 도움이 되었다.

일례로 뉴발란스는 1990년 무렵 캐나다 시장에 새 바람을 일으켰는데, 이는 소규모의 가족 경영을 하는 독립된 매장을 구축하기 위해 2년간 기반을 다진 덕분이었다. 또한 족부와 관련된 커뮤니티를 활용해 뉴발란스와 완벽한 궁합을 이루는 강력한 네트워크를 구축한 것도 효과적이었다. 캐나다의 성공 사례에서 영감을 얻은 뉴발란스 영국도 이후 브랜드 포지셔닝을 새로이 하고 '작은 소매업'의 형태를 밀고 나가 더 단단한 네트워크를 구축했다.

한편 1993년 체코에 진출했을 때는 농구, 에어로빅, 축구와 테니스 등이 대중들에게 사랑받고 있다는 점에서 기회를 보았다. 뉴발란스는 이미 그 제품 라인업을 갖추고 있었기 때문이다. 일찌감치 1970년대에 진출했던 아프리카에서는 1995년 'Futura Footwear'으로부터 유통과 판매를 넘겨받아 자회사 'New Balance South Africa'^{NBSA}를 설립해 새로이 기반을 다졌다. 그리고 2000년 아프리카 민주주의 물결에 힘입어 NBSA를 거점으로 삼아 나미비아, 보스와나, 모잠비크, 짐바브웨, 앙골라 등 아프리카의 다른 나라들로 사업을 확장해갈 수 있었다.

일본의 사례도 있다. '뉴발란스 저팬'이 여성 마켓 확대를 고민할 때, 한 여성 판매직원이 의외의 의견을 냈다. 고객과 가장 접점에서 여성 고객들의 성향을 파악한 결과, 여성 제품 라인에 여성스러운 색보다는 전통적인 미국의 색을 사용하는 편이 나을 것이라는 의견이었다. 다각적인 검토 후에 회사는 이를 받아들였다. 이는 성공적인 효과를 불러왔고, 2000년대 중반 일본에서 판매되는 뉴발란스 제품의 무려 40%는 여성 제품 라인으로 채워졌다.

뉴발란스 코리아의
고객 맞춤 마케팅 전략

　국내에서도 뉴발란스의 브랜드 파워와 매출은 성장을 거듭해왔다. 역시 고객들의 성향을 정확히 파악한 결과였다. 뉴발란스 코리아는 20~30대 젊은 계층의 운동화 소비가 많은 대한민국의 특성을 감안해 SNS를 중심으로 공격적인 마케팅을 펼쳐왔다. 그중에서도 2010년 오픈한 '뉴발란스 블로그'의 경우 2년 만에 방문자 수 200만 명을 돌파할 정도로 커다란 반향을 얻었다.

　이 블로그의 가장 큰 차별성은 바로 양방향 '스토리텔링'이다. 브랜드와 제품에 대한 정보를 제공하는 것 이상으로 수많은 사람들의 이야기를 담아내, 이곳에 접속하는 이들에게 정보와 동시에 재미를 제공했다. 또한 블로그의 주요 타깃인 젊은 층들을 위한 감각적인 포스팅을 업데이트하고 페이스북, 트위터, 유튜브 등 다양한 SNS 플랫폼과 연동해 한 공간에서 모든 정보와 소통이 가능하도록 했다. 뉴발란스 코리아의 이런 SNS 마케팅이 업계에서 항상 성공 사례로 거론되고 있다는 점만 봐도 이 마케팅이 판매에 끼친 영향은 굳이 설명할 필요가 없을 것이다.

철학을 덧입힌 PPL 광고

뉴발란스 코리아의 또 한 가지 전략은 유명인들을 통한 PPL[Product Placement : 간접광고] 이었다. 《패밀리가 떴다》의 이효리, 《시크릿 가든》의 하지원, 《아이리스》의 이병헌, 《1박2일》의 이승기, 최근 폭발적 인기를 끌었던 드라마 《상속자들》의 이민호와 《별에서 온 그대》의 김수현 등 유명 스타들이 착용한 뉴발란스 제품들은 '김수현 신발', '이효리 신발' 등으로 불리며 매번 화제로 떠올랐다. 또한 송자인, 지일근 등의 패션 디자이너 및 유명 스타일리스트인 정윤기와도 콜라보레이션 컬렉션을 진행하는 등 기능성으로 유명한 브랜드 자체에 '패션'이라는 색깔을 덧입혀 이슈가 되기도 했다.

물론 뉴발란스 코리아의 이런 스타 마케팅은 글로벌 본사의 방향성과 다소 차이가 있을 수 있으나, 국내 시장 상황에 적절했을 뿐 아니라 나중에는 스타들이 자발적으로 뉴발란스 제품을 착용했다는 점에서 본사의 방향성과도 일치한다고 볼 수 있다.

뉴발란스 코리아의 첫 PPL이 이루어진 영화 《말아톤》의 경우에서도 뉴발란스의 철학을 엿볼 수 있다. 다른 회사들이 장애인 관련 영화라며 PPL을 피했을 때, 뉴발란스가 자청해 나선 것이다. 특히나 뉴발란스는 이 영화의 실제 주인공인 배형진 씨를 영화 개봉 이전부터 후원하고 있었던 점에서 뉴발란스의 탄생이 선후천적으로 발에 불편을 겪는 이들을 위한 제품이었다는 사실을 떠올리게 할 뿐 아니라, 이들의 존재 이유가 달리는 '보통 사람'들에게 있다는 점도 돌이키게 한다.

달리는 즐거움이 마케팅이다

평범한 이들의 삶을 응원하고 지지하는 뉴발란스의 철학은 '에너지 런'N-ERGY RUN 이벤트에서도 잘 드러난다.

이 프로그램은 '함께 달리는 즐거움'이라는 슬로건 아래 매주 2회씩 총 16회에 걸쳐 8주간 전문 트레이너에게 체계적인 러닝을 배울 수 있는 기회를 제공한다. 전액 무료 러닝 트레이닝으로 지난 2010년 첫 회를 시작한 후 2014년 3월부터 시즌 8회를 진행하고 있다.

이 프로그램의 대상은 장벽이 없다. 그저 달리기를 통해 자신감을 얻고 싶은 이들, 혹은 새로운 경험을 원하는 모두가 대상이다. 때문에 신청자가 폭주해 매회 참가자 수를 1.5배씩 늘릴 정도로 뜨거운 호응을 얻어왔으며, 최근 시즌 7에서는 무려 600명의 일반인에게 기회가 돌아갔다.

이 프로그램은 출석률이 높은 참가자에게 해당 시즌의 신상품을 제공하는 등 이벤트로서의 성격도 크지만, 무엇보다 달리기에 관심이 많은 참가자들이 모이는 자리라는 점, 그리고 신제품 대여 등을 통해 착용의 기회를 줌으로써 소비 판단에 도움을 준다는 점에서도 기업과 소비자 모두 '윈-윈'하는 마케팅 전략이라고 할 수 있다.

새로운 러닝 문화를 창조하는 뉴발란스

나아가 '달리는 즐거움'을 모토로 한 뉴발란스 코리아의 이벤트는 재밌는 아이디어가 결합된 축제로까지 발전했다. 뉴발란스 마라톤 대회인 '뉴 레이스'와 '컬러런', 그리고 '하

■ 뉴발란스 컬러런

우스러닝' 등이 그것이다.

올해로 4회째 개최된 뉴발란스의 마라톤 대회 '뉴 레이스 서울'은 매해 상반기 최대 규모의 러닝 축제로 자리 잡았다. 2011년 첫 개최 당시에는 'NB 레이스'라는 이름으로 시작했다가 2013년 '뉴 레이스 서울'로 새 이름을 얻게 된 이 대회는 10km 단일 레이스로 도심을 가로지르며 달리는 이색적인 코스로, 짧은 역사에도 불구하고 참가자들의 수가 폭발적으로 증가했다. 심지어 올해 열리게 될 '2014 뉴레이스 서울'의 경우, 2만 명 한도로 접수를 시작한 지 9분 만에 마감되기도 했다.

대회 내부의 프로그램도 재미있다. 혈액형에 따라 4개의 팀 매치로 레이스를 펼치는 '혈액형 팀매치'라는 새로운 러닝 트렌드는 물론, 각 팀에서 헌혈증을 기부받아 지정 기부처에 전달하는가 하면, 대회 당일 뉴발란스 운동화를 신은 참가자의 숫자만큼 1인당 1만원에 해당하는 금액을 기부하는 등 참가자뿐만 아니라 모두에게 유익한 에너지를 전달하는 의미 있는 행사가 진행된다.

이런 이색적인 러닝은 지난해 열린 '뉴발란스 컬러런'과 '하우스러닝'에서도 그대로 드러난다. 형형색색의 파우더를 맞으며 5km를 달리는 '컬러런'$^{The\ Color\ Run}$은 '가장 행복한 달리기'로 불리며 큰 인기를 얻고 있는 세계적인 러닝 축제로, 지난해 서울에서 이뤄졌다. 그런가 하면 지난해 12월 처음 개최한 '하우스러닝'은 클럽 파티와 브런치를 러닝과 접목한 새로운 이벤트로, 이틀 동안 두 차례에 걸쳐 실내에서 즐겁고 건강하게 러닝을 즐길 수 있는 방법과 올바른 실내 러닝 방법을 제시한다는 점에서 기존에 경험할 수 없었던 새로운 러닝의 세계를 열었다.

가장 본질적인 마케팅은
가장 좋은 제품을 만드는 것

"우리는 제조업체로 시작했고, 물건이 좋으면 최고라는 문화가 깊숙이 자리 잡고 있습니다. 높은 인건비에도 미국에서 공장을 운영하고 전혀 다른 업종인 도요타의 생산 방식을 도입하는 이유이기도 합니다. 경쟁자들이 모두 한길로 나가 싸울 때 그 속에 똑같은 방식으로 싸우는 건 바보 같은 짓입니다."
― 조선비즈 2012년 2월 10일

2012년 짐 데이비스가 국내의 한 언론과의 인터뷰에서 한 이 언급은 뉴발란스가 과거에 걸어왔고, 앞으로 걸어갈 길이 그대로 투영되어 있다.

요즘은 '마케팅이 전부'라고까지 불리는 시대다. 그만큼 마케팅이 중요하다는 의미다. 여기에 대한 뉴발란스의 철직은 한 가지다. 가장 본질적인 것, 다시 말해 좋은 품질의 제품을 만드는 것으로 승부를 거는 것이다.

'고객 맞춤'도 뉴발란스가 창업 이후 108년간 지켜오고 있는 또 하나의 마케팅 철칙이다. 제품 생산 전 시장조사에서부터 각 제품이 타깃으로 하는 고객의 니즈 파악, 연구개발, 고객 만족도에 대한 피드백, 나아가 고객의 발 상태와 필요에 따른 신발을 찾아주는 것까지 전 과정이 고객을 중심으로 돌아간다. 뉴발란스 고객들의 충성도가 높은 이유도 이 때문이다. "한번 뉴발란스를 이용해 본 고객들은 웬만해서 경쟁 업체로 가지 않는다."는 데이비스 회장의 발언은 괜한 것이 아니다.

고객 맞춤을 중심으로 생각하다

이렇게 고객을 중심에 두니, 모든 것이 분명하고 단순할 수밖에 없다. 그들이 어떤 제품을 원하는가, 어떻게 하면 그들의 만족도를 최대화할까, 우리를 필요로 하는 곳은 어디인가를 파악하고 해결하면 된다.

하지만 이를 실행하는 건 간단한 문제가 아니다. 까다롭고 각각의 니즈가 다른 소비자들을 모두 만족시킨다는 것이 야말로 가장 어려운 일인 것이다. 차라리 그 시간에 화려한 퍼포먼스를 하고, 돈을 들여 스타 마케팅을 하는 편이 더 쉬워 보인다.

하지만 뉴발란스가 '고객 맞춤'을 우위에 둘 수밖에 없는 이유는 지극히 태생적이다. 발이 불편한 사람들을 위해 고안한 아치 서포트와 맞춤형 신발이 창업자 윌리엄 라일리의 시대에 이미 자리를 잡았고, 지금도 뉴발란스는 그 역사를 이어 모든 제품에 피트[13]와 가로 사이즈라는 최적의 맞춤 기능을 탑재하고 있다. 게다가 더 많은 고객들의 더 다양한 니즈에 부응하기 위해 가로 사이즈를 더욱 세분화하고 발 모형의 수도 늘려왔다.

'Made in USA'에 대한 고집도 결국 고객들에게 빠르게 반응하게 하기 위한 하나의 전략이 된다. 이에 대해 짐 데이비스 회장은 이렇게 말했다.

"운동화는 패션이다. 유행을 탄다. 연령, 지역, 취향에 따라 다양한 니즈가 존재한다. 국내에 공장이 있으면 판매망이 가늘고 촘촘하게 더 깊숙이 뻗을 수 있다. 시중에 잘 구할 수 없는 사이즈와 발볼 너비를 가진 소비자의 주문, 독특한 색감이나 디자인을 원하는 이들의 욕구에도 응할 수 있다. 덩치 큰 경쟁 업체들이 우리를 따라올 수 없는 부분이다."

맞춤 운동화를 제공하는 공식 홈페이지

실제로 뉴발란스는 공식 홈페이지에서 'Custom Shoes'(맞춤 운동화) 프로그램을 도입해 운영하고 있다. 온라인으로 색상과 디자인을 골라 자신만의 맞춤 운동화를 주문하면 4~8일 이내에 배달해주는 프로그램이다.

오프라인 매장에서도 마찬가지다. '고객 맞춤'을 위해 실현 가능한 모든 것들을 시도한다. 대표적인 것이 발 건강을 위한 솔루션을 제공하는 'NBRx' 인증 매장이다.

NBRx 인증 매장은 피트 전문가 외 발 관리 전문가가 상주해 체계적인 측정과 점검을 통해 고객의 발 유형, 활동 유형 등에 따른 최상의 신발을 찾아준다. 먼저 고객의 발 상태를 평가하는 의료 전문 컨설팅으로 시작해, 고객이 자신에게 맞는 최고의 신발을 들고 매장 문밖을 나가는 것까지 모두 일대일 서비스로 이뤄진다.

뿐만 아니라 정기적으로 매장 내에 진료소를 만들어 고객들을 위한 웰빙 프로그램을 지원하기도 한다. 이쯤 되면 뉴

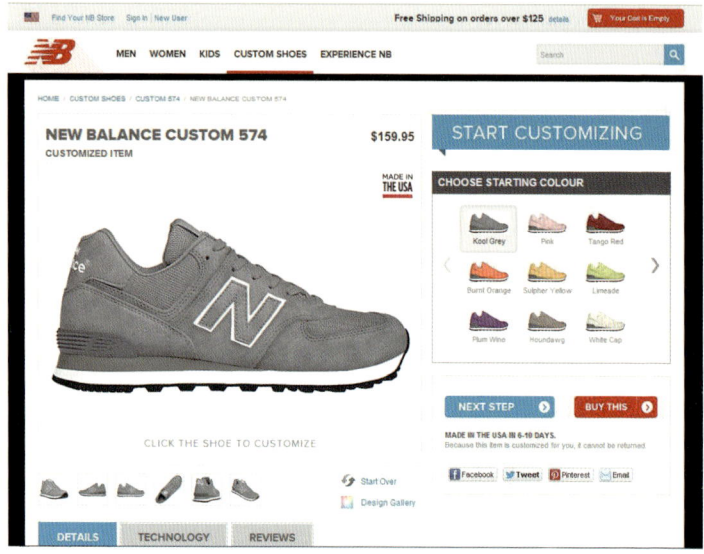
▍고객이 맞춤 운동화를 주문할 수 있는 홈페이지

　뉴발란스의 '고객 맞춤'은 단순한 마케팅 전략이 아니라, 개인과 사회의 건강에까지 기여하겠다는 공헌의 성격을 띠기도 하다.
　국내에도 NBRx 인증 매장의 성격을 띠는 NBX 매장이 뉴발란스 코리아에 의해 운영되고 있다. 신발 전문가가 늘 상주해 있고, 매장을 찾은 소비자들에게 과학적인 발 측정 장비를 이용, 4단계의 체계적 점검 후 고객의 발에 가장 적합한 신발을 골라주는 서비스를 하고 있으며, 발 상태 및 운동

자세 등에 대한 컨설팅도 함께 실시해 뉴발란스의 '고객 맞춤' 정신을 그대로 실현하고 있다.

  1980년대 중반 뉴발란스가 시도했던 'Tech Center'라는 실험적인 판매 방식도 고객 맞춤을 위한 것이었다. 이 센터의 콘셉트는 고객들에게 신발의 성능과 피트, 브랜드에 대한 지식과 정보를 제공함으로써 고객들이 자신에게 맞는 신발을 고를 수 있는 지식과 경험을 쌓도록 위한 것이었다. 뿐만 아니라 이 센터는 고객뿐만 아니라 주변의 숍들에게도 같은 교육을 제공함으로써 고객의 발을 위하는 제화 산업의 이미지를 더욱 굳건히 했다.

new balance

5장
인간과 사회를 위한 책임

세상을
바꾸는 동행

경제학자 밀턴 프리드먼^{Milton Friedman}은 "기업은 사회에 대한 단 하나의 책임, 즉 경제적 성과만을 내면 된다"고 말한 바 있다. '이윤 추구'만이 기업의 본질적 목적이라는 뜻이다. 과거에는 몰라도 지금 같은 상황에서 이 발언에 100% 동의하는 이가 얼마나 될지 의문이다.

지금은 소비자들이 기업들에게 사회적인 책임을 적극적으로 묻는 시대다. 일부 기업의 과도한 이윤 추구가 불러온 여러 번의 경제 위기를 경험하며 더는 기업의 수익 극대화가 사회에 긍정적 영향만 끼치는 것이 아님을 깨달았기 때문이다. 급기야 지난 2011년 벌어진 월가 시위에서도 볼 수 있듯이, 이제 소비자들이 기업들에게 책임을 묻는 것이 더는 이상한 풍경이 아니다.

  책임 있는 '착한 기업'이 실질적으로 매출 증대에도 도움이 된다는 연구 결과도 있다. 소비자들은 착한 기업의 제품 또는 서비스를 구매하는 데 긍정적이다. 필립 코틀러는 『마켓 3.0』에서 "점점 더 많은 기업이 직원과 소비자, 일반 대중이 기업을 바라볼 때 단순히 '제품과 서비스의 질'만 따지는 것이 아니라 그 기업이 실천하는 사회적 책임도 따진다는 사실을 인식하고 있다."고 말한 바 있다.

진정한 기업의 책임이란

  그렇다면 '기업의 사회적 책임'이란 무엇일까. 이에 대해 『경영의 탄생』의 저자 에드워드 러셀 월링은 세계지속가능발전기업협의회 The World Business Council for Sustainable Develpoment 의 정의를 빌어 기업의 사회적 책임을 "노동 인력과 그 가족뿐만 아니라, 지역 사회 및 사회 전체 삶의 질을 증진시키면서 비즈니스를 통해 지속적으로 윤리적인 행동을 하고 경제발전에 이바지하겠다는 공약"이라고 설명하고 있다.

  어떤 이들은 이 부분에서 자선 활동을 떠올릴지도 모르겠다. 실제로 많은 기업들이 자선 활동을 통해 사회적 문제 해결, 발전에 기여하려고 한다. 그러나 코틀러는 "자선 활동의 사회 문화적 영향력을 지나치게 과대평가해서는 안 된다"고 강조한다. 자선 활동을 통한 사회 문제 해결은 단기적 효과밖에 낼 수 없다는 것이다. 그는 소비자에게 주도권을 부여한 '공익 마케팅'을 통해 '변혁'을 창출해내는 것이야말로 진정한 기업의 사회적 책임 실현이라고 주장한다. 단순히 관심과 참여를 이끌어내는 이상으로, 소비자의 삶 자체, 라이프스타일을 직접적으로 변화시킬 수 있어야 한다는 것이다.

코틀러의 말이 아니라도, 이제 우리 사회 구성원들은 기업들에게 더 성숙한 모습을 기대하고 있다. 기업들이 공유가치창출 Creating Shared Value : CSV 을 통해 모두가 성장하는 세상을 만드는 '동행'에 나서기를 바라는 것이다.

한 사람의 시민과 같은 기업으로

뉴발란스는 진화된 기업의 사회적 책임을 오래 전부터 실천해왔다. 뉴발란스에게 사회적 책임은 기업의 존재 이유이자 큰 성장 동력이었다. 실로 경제 불황의 시대에도 기업이 성장할 수 있는 이유 중 하나로 뉴발란스는 주저 없이 '책임을 실천하는 리더십'을 꼽는다.

창업 100주년을 앞두고 있던 지난 2005년 뉴발란스는 '책임적 리더십'^Responsible leadership 을 핵심 가치관에 추가하는 한편, 같은 맥락에서 회사 강령도 수정했다. 미국 내 생산을 하는 유일한 거대 신발 제조 업체라는 기조를 유지하는 동시에 '책임 리더십'을 본격 표방함으로써 다음 단계로 전진했다.

여기서 우리는 뉴발란스가 일부 기업처럼 착한 기업의 이미지를 통한 홍보라든가 마케팅, 매출 증대를 위한 수단으로 활용코자 한 것이 아님에 주목해야 한다. 뉴발란스의 사장 겸 최고경영자인 롭 드마티니^Rob DeMartini 는 2012년 내놓은 「뉴발란스 책임적 리더십 보고서」^New Balance Responsible Leadership Report 에서 이렇게 말한 바 있다.

"비즈니스(기업)는 사회 변화를 위한 강력한 힘이며, 이것이야말로 우리의 성공을 도운 이들에게 감사해야 하는 이유이다."

필립 코틀러는 『마켓 3.0』에서 다음과 같이 말한다.

"사회적 문제 해결에 동참하는 행위를 단순히 기업 홍보 수단으로 여기거나 기업 활동의 부정적인 부산물에 대한 비판을 희석시키기 위한 수단 정도로 여겨서는 안 된다. 기업 역시 훌륭한 '기업 시민'^corporate citizen 이 되어야 한다."

진심의 힘은 강하다

　뉴발란스 내부에는 항상 그 조직원과 파트너, 나아가 그들이 속한 지역사회, 뉴발란스의 제품을 즐기는 모든 이들을 조직 역량 안으로 묶어내는 견고한 책임 시스템이 존재한다. 108년의 역사 동안 지속적으로 사회 봉사와 환원을 지속해왔으며, 지역사회를 발전시키고 변화시키는 데 일정 부분 역할을 담당했다. 성공한 기업이 자신들의 성공에 기여한 이들에게 헌신하고, 그 헌신이 다시 기업에게로 돌아오는 선순환을 만들어낸 것이다.

　이는 진심이 가진 힘은 쉽사리 와해되지 않는다는 점에서 충분히 가능한 일이었다. 어떤 목적을 가진 타의가 아닌, 마음에서 우러난 자의에서 비롯된 사회 환원은 결과적으로 기업의 가치를 더욱 높이고 기존 소비자는 물론 잠재적 소비자들에게도 환심을 사는 결과를 낳을 수밖에 없다.

다 함께
세상을 움직이자

"책임이란 우리가 추구하는 그 길을 가는 데 있어 사용할 수 있는 가장 적절하면서도 겸손한 단어이다. 책임을 통해 비즈니스가 자연으로부터 그 이상의 것을 취하지 않기를 바랄 뿐이다."

『리스판서블 컴퍼니 파타고니아』에서 저자이자 창업자인 이본 쉬나드Yvon Chouinard와 공동 저자인 빈센트 스탠리Vincent Stanley의 말이다.

아웃도어 전문 기업 파타고니아는 인간과 자연을 향한 책임 있는 행동으로 지속 가능한 경영을 추구해온 대표적인 기업이다. 파타고니아의 사례는 여러 면에서 뉴발란스와 닮아 있다. 이들은 창업 초기부터 '환경보호를 위한 집착에 가까운 신념'을 통해 쉽고 편하게 많은 돈을 버는 것보다는 사회적 책임을 다하는 데 전념했다. 오늘날에는 다른 기업들도 환경 문제를 비롯한 여러 사회 문제에 눈을 돌리고 있지만, 한 기업의 오랜 역사 속에 이런 신념이 숨 쉬는 사례는 그다지 많지 않다.

108년간 이어진 사회 환원

마찬가지로 뉴발란스의 사회 환원 역사도 하루아침에 이뤄진 것이 아니다. 누군가의 반짝 아이디어나 유행으로 시작된 것이 아니라, 기업의 탄생 속에 자리 잡고 있던 가치가 조금씩 성장해 이제는 기업을 이끌어가는 원동력으로까지 발전한 사례다.

108년 전, 뉴발란스는 그 시작 자체가 사회 환원이었다. 닭발에서 발견한 아치 서포트 자체가 발이 불편한 사람들을 고려해 탄생했기 때문이다. 이런 아치 서포트를 통해 누군가는 건강을 되찾았고, 누군가는 일상이 더 행복해졌으며, 또 다른 누군가는 걷고 달리는 즐거움을 새로 발견했다.

이 같은 창업 정신은 새로운 오너를 맞을 때마다 계승되고 심화됐는데, 이런 기여 행위가 본격화된 것은 두 번째 오너인 폴 키드 부부 시대부터였다.

당시만 해도 뉴발란스는 규모나 매출 면에서 여의치 않은 상황이었고, 인수 후 1년간 열심히 노력했음에도 큰 성과를 얻지 못했다. 그럼에도 키드 부부는 미국 적십자사에 기부를 진행했는데, 이 작지만 의미 있는 실천은 훗날 뉴발란스가 기업 시민 정신을 키우게 되는 신호탄이 되었다.

가치 공유로 모두가 함께 움직인다

뉴발란스의 사회적 기여는 세 번째 오너 짐 데이비스 이후 더욱 빛을 발했다. 데이비스는 그동안 명맥처럼 이어져 온 기업의 사회 공헌 사업에 강한 지지를 표명했으며, 특히 짐 데이비스의 부인이자 부회장인 앤 데이비스도 이를 도와 뉴발란스만의 기업 문화 조성을 위해 끊임없이 노력했다. 앤 데이비스는 특히 '기빙 백'Giving Back, 즉 환원의 문화에 공을 들였으며, 이것이 현실화되려면 조직원들의 자발적 협력이 필요하다고 판단했다. 앤 데이비스는 이와 관련해 이렇게 말했다.

"내가 뉴발란스에서 일하는 모든 이들에게 바라는 것이 단지 기업 책임의 개념만은 아닙니다. 우리는 우리의 존재처럼, 온몸으로 공헌하고 보살피는 자세를 갖고 짚어지고 나아가야 합니다."

이는 조직원들에게 일방적으로 희생을 강요하는 것이 아니라, 나누고 돕는 일을 존재의 의미처럼 여겨야 함을 강조하는 것이다.

이러한 가치관에서 비롯된 뉴발란스의 철학은 차츰차츰 조직 내에 공유되었다. 조직원들 대부분이 개인 또는 팀으로 기업뿐만 아니라 자신들이 속한 지역, 나아가 전 세계를 변화시킬 수 있다고 믿기 시작했다.

기업의 신념은 그렇게 조용히 조직원들의 내면으로 스며들었다. 결과적으로 뉴발란스는 세상을 움직이는 건 위대한 한 사람이 아니라 모두 다 함께 이뤄내는 것이라는 진리를 보여주었다.

뉴발란스재단,
지속가능한 후원의 시작점

1981년 짐 데이비스와 앤 데이비스는 회사 수익을 일부 떼어 뉴발란스재단New Balance Foundation을 설립했다. 회사를 인수한 지 불과 10년도 안 된 시점이자 N시리즈 출시로 회사가 성장하기 시작한 무렵이었다.

이 재단은 기업이 속한 지역사회에 대한 약속을 지키고 책임을 다하겠다는 기조에서 만들어졌다. 지역에 대한 후원이 중요한 가치라는 것을 알고, 이전에도 해왔던 봉사 활동 및 기부, 제품 기증 등을 재단을 통해 보다 광범하고 지속적으로 실천하기로 결정한 것이다.

일상에서 아껴 기부에 투자하다

짐 데이비스는 사업 초기부터 절약 정신이 남다른 CEO였다. 그는 제조 공장을 방문할 때면 늘 땅에 떨어진 것을 다시 주워 직원들에게 건네며 작은 것도 낭비하지 말아달라고 당부했다. 심지어 집으로 배달되는 야채 묶음의 고무줄까지 모아 사무용으로 사용했을 정도다.

그의 절약 정신은 사업 정책에도 고스란히 반영됐다. 일례로 뉴발란스의 정책 중에는 '발신 전화를 하지 않는다'는 내용이 포함돼 있다. 한번은 당시 조지아 주의 의원이자 강력한 대통령 후보였던 지미 카터가 전화 주문을 시도했다. 그는 주문이 확인되면 다시 전화를 해달라고 했고, 이에 뉴발란스 직원은 이렇게 말했다.

"저희 회사는 발신 전화를 하지 않습니다."

지미 카터가 그 말을 듣고 얼마나 놀랐을지는 쉽게 상상해볼 수 있다.

그러나, 다소 지나치다 싶을 정도로 아끼던 데이비스도 기부나 후원 등에는 언제나 '큰손'이었다. '지속성'을 중시했던 뉴발란스 재단은 기부도 대부분 파트너십을 통해 실행했다. 이런 형태를 유지해야 기부가 단발로 끝나지 않고 다양한 분야에 지속적으로 진행되어 장기 발전을 도모할 수 있다는 판단에서였다.

뉴발란스 재단은 설립 초기부터 5천만 달러(한화로 약 535억 원) 이상을 이런 형태의 기부에 투자했는데, 거기에는 재단이 추구하는 '건강한 라이프스타일'의 장려라는 미션도 포함돼 있었다. 그중에서도 특히 아동과 청년층의 라이프스타일 개선이 매우 중요했다. 또한 지역사회 개선을 위해 노력하는 자선 단체들을 후원하는 방식으로 미션을 수행하기도 했다.

주된 후원 방식은 보조금과 제품 기부, 현물 기부, 직원들의 자원봉사, 그리고 스폰서십 등으로 이뤄졌는데, 여기 사용된 금액들은 회사 전체 매출 대비 결코 적지 않은 규모였다. 2010년 당시 뉴발란스 재단의 기부과 기업 기부 금액은 약 1,100만 달러에 육박했는데, 이는 글로벌 판매의 약 0.7%에 해당하는 규모였다.

아이들의 삶을 바꾸는 기업

또 하나, 뉴발란스 재단의 핵심 사업 중에 하나는 아동 비만 예방이다. 뉴발란스는 아이들을 지역사회의 뿌리로 간주

한다. 아이들의 건강한 라이프스타일이 지역 전체의 건강과 웰빙에 중대한 영향력을 미친다고 판단한 것이다. 이에 재단은 의학적, 학문적, 비영리 기관과의 파트너십 등 총체적 접근 방법을 통해 아이들과 그 가족들의 운동과 놀이 및 영양을 장려하는 활동을 지속해왔다.

2011년 1월, 보스턴 소아 병원에 아동 비만 예방을 위한 뉴발란스 재단 센터를 설립해달라며 전례 없는 규모의 기부금인 700만 달러를 기증한 것도 이런 사업의 일환이었다. 이후 이 소아 비만 예방 프로그램은 현재 미국 내에서 가장 범위가 넓고 유명한 종합적인 프로그램으로 거듭났으며, 이 프로그램을 통해 매년 1천 명이 넘는 위태로운 상태의 비만 아동들이 치료를 받고 있다.

또한 뉴발란스는 비만 예방 센터도 설립했다. 이곳에서는 데이비드 루이그$^{David\ Ludwig}$ 박사의 팀이 비만 연구를 진행하고 있다. 또한 연구 결과를 토대로 자료를 개발해 관련 지식을 소아 병원뿐만 아니라 국내외 환자들에게까지 공유하고 있으며, 지역사회를 위한 건강 가이드 목록을 만들고 웹사이트를 구축해 아동, 가족, 비영리 파트너, 지역 건강 센터, 학교 및 다른 기관들에서도 활용할 수 있는 자료들을 지속적으로 만들어내고 있다. 나아가 관련 모임을 주최하고,

영양 및 운동에 초점을 맞춘 행사를 매년 개최하고, 2년마다 국가 차원의 심포지엄을 개최하는 것도 이들의 활동이다. 루이그 박사 팀은 이 심포지엄을 통해 다양한 전문가들과 기관들을 한자리에 모아 비만 연구에 대한 결과를 설명하고 이를 최선의 임상 치료로 전환할 수 있는 방법을 도모하고 있다.

비영리 기구들과의 견고한 파트너십

시간이 흘러 뉴발란스의 비만 예방 후원은 여러 사람들의 삶 깊이 파고들고 있다. 2010년에는 '가족을 위한 재밌는 요리 매거진'이라는 콘셉트로 어린이들에게 요리와 영양 지식, 운동에 대한 정보를 제공하는 잡지『ChopChop』과 다년간 파트너십을 맺었다. 그간 재단이 습득한 부분을 더 많은 파트너, 더 많은 사람들과 공유하기 위해서였다.

2011년 11월에는 'PLAYWORKS'와도 새로운 파트너십을 맺었다. 'PLAYWORKS'는 청소년 문제를 놀이로 해결하는 데 목적을 둔 비영리 기구로서, 건강한 통합 놀이로 청소년들의 학습을 돕고 보다 긍정적인 학교 환경을 제공하는 데 목적이 있다.

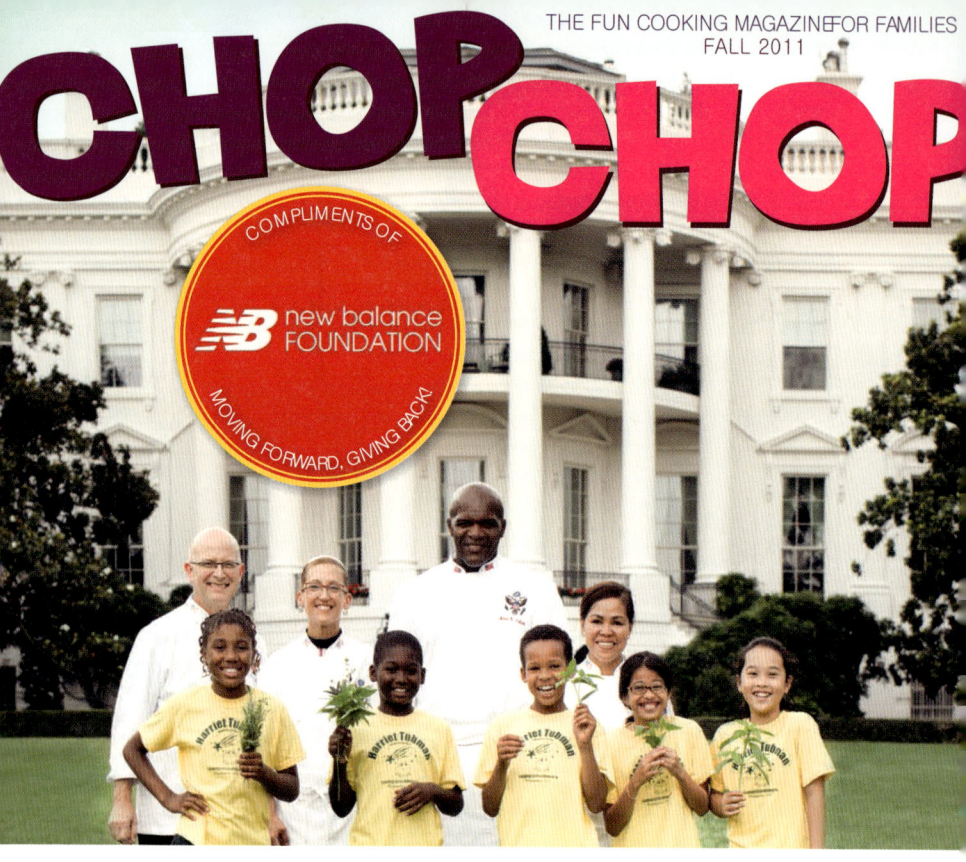

뉴발란스는 이 기관에 120만 달러의 기금을 2년간 투자했는데, 그 결과 이 기구의 놀이 학습을 미국 내 22개 도시에서 1,120,000명 이상의 학생들에게 확대 제공할 수 있게 되었다. 또한 이 기금은 미국 내 저소득층 학교에서 근무하고 있는 100명이 넘는 'PLAYWORKS' 교사들의 전문성 개발 및 양성을 위해서도 쓰여졌다.

뉴발란스는 기금 외에도 'PLAYWORKS'의 활동을 지원하기 위해 신발 및 의류를 후원하고, 놀이터에서 아이들을 교육하는 교사들의 지원까지 약속했다. 더불어 뉴발란스 본사가 있는 보스턴 중심의 27개교에 자원봉사와 직원 참여 활동, 학교 후원을 하는 등 지원을 아끼지 않고 있다.

청소년의 삶 속으로 파고들다

특히 뉴발란스 재단은 소외된 청소년들의 삶에 관심을 가졌다. 'METROLaCROSSE'와 10년 이상 파트너십을 맺고 유지해온 것도 같은 맥락에서였다. 'METROLaCROSSE'는 미국 내에서 가장 큰 규모의 도심 라크로스와 교육 프로그램을 제공하는 비영리 기관으로서, 라크로스 운동을 통해 사회적 경제적으로 소외받고 있는 청소년들이 목표를 갖고 삶을 살아갈 수 있도록 장려하고 있다. 스포츠를 쉽게 접

> **라크로스**
> 크로스라는 라켓을 사용하는 하키 비슷한 구기 운동. 그물을 친 길이 길이 91~180cm의 크로스로 야구공보다 약간 작은 공을 던지고 그물로 받아 운반하고 또 발로 차서 상대편 골에 넣으면 이기는 경기다. 원래 캐나다 인디언들이 즐겼던 구기 운동으로 19세기 중엽 근대 스포츠에 맞게 개량, 미국·캐나다·영국·오스트레일리아 등에서 성행하고 있다.

▎PLAYWORKS 활동 모습

할 수 없는 소외 청소년들이 라크로스 운동을 하면서 균형 있는 영양의 중요성, 팀워크, 리더십, 집념, 인내와 같은 삶의 지혜를 배울 수 있도록 하는 것이다.

　뉴발란스 재단은 이들의 활동에도 아낌없는 후원으로 지지를 표했다. 재단은 뉴발란스, 'Warrior and Brine'(뉴발란스의 라크로스 장비 및 운동화 브랜드)과 함께 200만 달러 이상의 금액과 제품을 기부했고, 'METROLaCROSSE'에 대한 오랜 후원과 노력의 결과 2011년 『보스턴 비즈니스 저널』로부터 '2011 지역 파트너 상 2011 Community Partner Award'을 수상했다.

　2007년 뉴발란스 재단이 뉴잉글랜드 아쿠아리움에 해양

포유동물 센터를 건립하기 위해 300만 달러를 투자한 것도 넓은 의미에서 어린이들에 대한 후원으로 볼 수 있다. 이 센터는 야생 생물 보호 교육을 실시하고 활기찬 해양 포유동물들과 만날 기회를 제공함으로써 궁극적으로 활발하고 적극적인 라이프스타일의 중요성을 인식시키는 것에 목적이 있다.

그 일환으로 이 센터는 바다표범의 활동들을 흉내 내 운동을 강조하는 움직임을 모티브로 한 'Move It' 캠페인을 진행했고, 그 덕에 이곳 아쿠아리움은 매년 130만 명이 넘는 방문객들을 유치하고 있을 뿐 아니라 전 세계 과학자들이 공동으로 연구하는 선도적인 해양 보호 기관으로 자리매김했다.

국경을 뛰어넘는 뉴발란스의 나눔

뉴발란스는 이처럼 지역사회의 여러 기관들과 파트너십을 맺어 건강한 라이프스타일에 대한 인식을 증진시켜온 동시에, 재해 구호 등을 통해 다른 국가에 도움의 손길을 내밀기도 했다. 2004년 인도양에서 발생했던 지진과 쓰나미, 이후 2005년 허리케인 카트리나, 2008년 중국 지진, 2010년 아이티 지진과 2011년 일본에서 일어난 지진과 쓰나미 같은 재해 피해 지역에도 뉴발란스는 어김없이 재정적 후원 및 제품 기부 등을 해왔다.

또한 재해가 일어날 때만 구호 활동을 하는 것뿐만 아니라 보다 다양한 루트로 다른 국가들에도 도움을 주고자 하는 뜻으로, 현재 국제 나눔 뉴발란스 재단이라는 이름의 국제 재단 설립을 추진하고 있다.

유방암에 맞서 싸우는 여성들을 위한 후원

뉴발란스의 또 하나의 대표적인 활동 중 하나는 유방암 퇴치와 관련이 있다. 뉴발란스는 오랜 시간 동안 유방암 퇴치 단체 수잔코멘재단^{Susan G. Komen for The Cure}에 후원을 지속해 왔다.

미국에서 유방암은 미국 여성 8명 중의 1명이 걸릴 정도로 흔한 암이다. 미국 기업으로 미국 내 생산을 절대적으로 고수해온 뉴발란스답게, 현재 뉴발란스는 유방암 퇴치에 힘을 보탬으로써 자신들의 소명을 다하고 있다.

유방암 퇴치를 위한 뉴발란스의 노력

이미 우리나라에서도 '핑크 리본 캠페인'으로 잘 알려진 유방암 퇴치 운동을 시작한 코멘재단의 역사는 1982년, 낸시 코멘^{Nancy G. Komen}으로부터 시작한다. 그녀는 미국 일리노이 주에 거주하던 33세의 언니 수잔 코멘이 1977년 유방암 판정을 받은 후 3년간의 투병 생활 끝에 삶을 마감하자 이 재단을 설립했다. 만일 유방암 환자들이 치료법을 알게 된다면 언니 수잔처럼 안타깝게 세상을 떠나는 일은 없을 것이라는 생각이었다.

이 재단은 유방암 퇴치를 위한 첫 사업으로 '핑크 리본 캠페인'을 시작했는데, 이 캠페인은 유방암 연구와 건강 교육, 그리고 유방암 치료를 위한 기금을 모금하는 것으로 얼마 안 가 사회적인 관심을 불러 일으켰다.

또한 8년 후인 1990년에는 'For the cure' 캠페인을 시작해, 기존의 현금이나 현물 기부와 같은 후원을 넘어 특정 기업이나 브랜드가 캠페인을 후원하는 스폰서십 제도를 도입했다. 이 캠페인을 통해 뉴발란스도 1989년 코멘재단과 기업 파트너를 맺었고, 1991년부터 유방암 퇴치 기금 마련 목적의 달리기 대회^{Race for the Cure}에 연속 스폰서로 참여하면서 이

▮ 뉴발란스는 유방암 퇴치 기금 마련 달리기 대회 스폰서로 참여하고 있다.

재단의 가장 오래된 러닝 스폰서가 되었다.

심지어 스폰서 참여를 시작한 이듬해인 1992년에 운동화 제작 산업이 불황을 맞고, 사방에서 중소기업들의 몰락을 얘기할 때도 뉴발란스의 스폰서 활동은 계속됐다.

한편 유방암 퇴치 기금 마련 대회에 대한 관심과 파급력은 실로 대단해서 2010년에는 127.5km를 달리는 대회 시리즈에 160만 명이 넘는 사람들이 참여하고 79개의 소매업체들이 후원에 참가했다. 이전 해인 2009년의 참여 소매업체가 24개였던 것과 비교하면 엄청난 변화였다.

또한 뉴발란스는 3일 동안 60마일(약 96km)을 걷는 'the 3-Day for the Cure'에서도 연속 스폰서를 맡아왔다. 이 대회는 2010년에는 15개의 마켓에서 개최되어 약 3만 4천 명이 참여했는데, 여기서 뉴발란스 스토어들은 사전 준비 모임과 걷기 훈련을 지휘하는 등 중요한 역할을 담당했다. 또한 대회용 '레이스 업 슈즈'(끈으로 묶게 돼 있는 신발)와 컬렉션 신발, 그리고 의류와 액세서리 등의 판매를 통해 약 140만 달러에 달하는 기부금을 조성할 수 있었다.

기부금 마련을 위한 온라인 스토어

유방암 퇴치뿐만 아니라 암 치료와 연구에도 뉴발란스는 힘을 보탰다. 자전거 대회를 통해 암 치료와 연구 기금 모금 등의 행사를 주최하는 자선 단체 'Pan Mass Challenge'에 대한 후원이 그것이다.

뉴발란스는 2010년, 이 단체의 기금 모금을 위한 자전거 대회에 레드삭스재단과 공동 후원사로 참여했다. 또한 6천 개의 바이크 백과 자전거 선수들이 입는 상의인 라이더 저지를 모든 참가자들에게 제공했고, 자원봉사자들에게도 1만 5,400개의 티셔츠를 제공했다.

　나아가 뉴발란스는 'Pan Mass Challenge'를 브랜드화한 온라인 스토어를 열었다. 이 스토어에서는 선수들과 자원봉사자들의 경우 15%의 할인 혜택을 받고, 동시에 스토어는 판매 금액의 15%를 'Pan Mass Challenge'에 기부금으로 전달하게 된다.

　또한 이 방식으로 6,300달러 이상의 기금을 낸 '헤비 히터'들에게 특별 선물을 제공해 감사를 표현하기도 했다. 맞춤형 신발인 Pan Mass Challenge 498s가 그것이다. 뉴발란스는 이를 특별 만찬 자리에서 후원자들에게 제공함으로써 지속적인 지원을 부탁했다.

직원 21%가 참여하는
자발적인 봉사 활동

뉴발란스의 이 같은 적극적인 사회 환원 활동은 '직원들이 자랑스럽게 일할 수 있는 특별한 문화가 있는 조직'을 만들기 위한 것이기도 하다.

뉴발란스는 신입 사원 오리엔테이션에서부터 나눔과 봉사의 문화를 적극 장려하고 있는데, 매사추세츠 주 보스턴과 로렌스 공장 신입 사원 오리엔테이션의 경우 지역사회와 연계된 뉴발란스의 다양한 활동들을 소개한 후 신입 사원들에게 현지 비영리 단체에서 봉사를 하도록 하고 있다.

봉사 활동에 대한 직원들의 자부심도 시간이 갈수록 높아지고 있다. 지난 2010년 전 세계 모든 뉴발란스 직원을 대상으로 실시된 직업 만족도 조사에서 95% 이상의 직원들이 뉴발란스의 지역사회 환원에 대해 자랑스럽다고 답했고, 96% 이상의 직원들은 뉴발란스의 일원임에 자긍심을 느낀다고 답했다. 그중에 뉴발란스에서 무려 33년을 근무한 브렌트[Brent]라는 직원은 다음과 같이 말했다.

"뉴발란스는 최선을 다해 지역사회 환원 활동 참여를 장려하는데, 이런 활동 참여를 통해 직원들은 우리가 단순히 신발을 판매하는 사람들이 아닌 더 가치 있는 존재임을 느끼게 됩니다."

직원과 소매점이 자발적으로 나서는 봉사 활동

뉴발란스의 사회 환원 활동이 사회적 책임 그 이상이 될 수 있었던 것도, 이처럼 회사와 조직원들이 하나의 가치를 공유하며 각각의 몫을 다했기 때문일 것이다.

뉴발란스 직원들은 매사추세츠와 메인 주의 30개가 넘는 비영리 기관에서 봉사 활동을 진행하고 있는데, 근무시간이거나 근무 외 시간이거나 많은 시간을 할애한다. 이들은 해비타트[habitat]와 함께 집을 짓고, 아이들을 위한 놀이터를 만들고, 음식이 필요한 사람들과 음식을 나누는 등 지역 주민들의 삶과 밀접한 활동을 진행하고 있다.

뉴발란스의 봉사와 나눔이 특별한 또 하나의 이유는 사무실 직원뿐만 아니라 제조 현장 직원들도 왕성하게 참여하고 있다는 점이다. 메인 주에 위치한 공장직원들은 지난 2007년부터 2010년까지 지역사회 연계 프로그램을 통해 총 4,800여 시간을 봉사활동에 할애했는데, 근무 시간으로 환산하면 600일에 맞먹는 시간이다.

뉴발란스의 장기적 목표는 직원들이 1년에 최소 4시간 이상을 자원봉사에 할애하도록 하는 것이다. 2010년을 기점으로 미국 직원 21%가 참여하고, 인터내셔널 직원 수 기준으로는 2.7%가 참여하고 있는 자선 활동을 2020년에는 100%로 높인다는 비전도 갖고 있다.

본사뿐만 아니라 미국 전역 소매점들도 해당 지역의 커뮤니티를 후원하며 뉴발란스와 동행하고 있다. 대표적인 예가 뉴발란스 사라소타Sarasota의 몰리 잭슨Molly Jackson 사장이다. 그녀는 지역사회에 큰 애정을 품고 2011년에는 직원들과 함께 700시간이 넘게 자선 활동을 했으며, 7만 5천 달러의 기금과 선물을 지역 기관에 전달했다.

같은 해 6월에는 1,500달러의 스포츠브라를 보험이 없거나 보험을 들지 못하는 유방암 환자들에게 전달하는가 하면, '레이스 업'Lace Up이라는 치유Cure 이벤트를 만들어 유방암 관련 행사인 'Susan G. Komen 3-Day'에 참가하기 위한 기금도 마련했다. 그 외에도 지역 곳곳의 수많은 소매점들이 의미 있는 활동을 통해 세상을 변화시키는 움직임들을 이어가고 있다.

미국뿐만이 아니다. 이미 전 세계에서 활동 중인 뉴발란스의 글로벌 오피스와 소매점들도 본사의 사회 환원 정책에 동참하고 있다. 미국 본사가 그들의 지역사회를 지원하듯 글로벌 오피스와 소매점들도 역시 현지 지역사회를 지원하는 방식으로 사회 환원을 진행한다.

일례로 남아프리카의 뉴발란스 직원들은 지역 학교의 아이들을 위한 식량과 의류, 교육 자료를 지원하는 비영리 단체들과 제휴해 지원을 아끼지 않고, 중국 광저우의 뉴발란스 직원들은 장애 학생들을 위한 학교를 정기적으로 방문하고 있다.

물론, 뉴발란스의 해외 다른 지역의 사회 환원 활동은 아직 미국 본사의 활동에 비하면 참여 수준이 낮다. 2011년 기준, 뉴발란스 본사의 조사에 의하면 전 세계 1,400여 명 정도의 직원들이 봉사 활동에 참여하고 있었다. 하지만 2010년 미국, 유럽을 포함한 전 세계 뉴발란스의 직원 수가 4,100여 명인 것을 감안하면 결코 적은 수치가 아니다.

직원들의 봉사 활동을 장려하는 지원 프로그램들

한편 직원들이 이처럼 봉사와 나눔에 적극적일 수 있었던 이유는 활동 장려를 위한 기업의 다양한 장치들 덕분이다.

뉴발란스는 우선 '지역사회 연계 프로그램'Community Connection을 마련해 직원들이 근무시간 내에도 비영리 단체와 함께 봉사 활동을 할 수 있도록 했다. 그 결과 2010년 미국 내 500명 이상의 직원들이 30개의 지역사회 단체와 함께 50여 가지 프로젝트를 진행함으로써 총 5,136시간 이상을 활동했고, 전 세계적으로는 30명 이상의 직원들이 현지 지역사회의 프로젝트에 총 124시간을 할애했다.

후원금 적립 제도 'Dollars-For-Doers'도 있다. 회사가 승인한 비영리 기관에서 직원들이 자발적으로 시간을 할애해 봉사 활동을 할 경우, 그 단체에 회사가 현금을 후원하는 제도다. 다시 말해 직원들이 더 많은 시간을 봉사할수록 뉴발란스는 그 시간에 상응하는 금액을 기부하는 구조다.

직원들이 특정 비영리 단체에서 8시간을 봉사할 경우, 회사에서 정상 업무를 한 것으로 간주해 하루치의 급여를 주는 '개인 봉사 시간'Personal Volunteer Time 제도, 직원들이 자선 기부한 액수만큼을 기업이 단체에 기부하는 매칭 펀드 제도도 운영 중이다. 이 매칭의 한도는 한 직원 당 일 년에 500 달러다.

주말 자선 활동 'Holiday and Charity Drives'도 있다. 뉴발란스 직원들의 자선 모금 행사 주최를 본사가 후원하는 식이다. 가령 음식 가판대에서 쿠키나 빵, 유아용 장난감을 판매하거나 현지 어린이 단체에 식품과 의류를 보내는 등 다양한 자선 모금 행사를 회사의 도움을 받아 실행할 수 있다.

운동선수까지 동참하는 후원 활동

뉴발란스의 나눔 바이러스는 기업이 후원하는 운동선수들에게도 확산되고 있다. 다만 여기에는 뉴발란스의 독특한 후원 계약 방식이 작용하고 있는데, 그 관계는 갑을 관계가 아닌 일종의 파트너십 성격을 띤다. 대표적인 선수 중에 한 명이 바로 제니 배링거 심슨Jenny Barringer-Simpson이다. 그는 세계 챔피언이자 미국 신기록 보유자이자 올림픽 참가 선수로 많은 후배들에게 롤모델로 여겨진다. 또 다른 한 명은 더스틴 패드로이어Dustin Pedroia다. 그는 올스타 농구선수이자 런 투 홈 베이스 프로그램Run to Home Program의 홍보 대사로 활발하게 활동하고 있다.

뉴잉글랜드
지역 경제에 대한 공헌

　뉴발란스의 미션 성명서에는 '지역을 후원하는 멤버로서 노력을 기울여야 한다'는 구절이 있다. 앞서 뉴발란스의 다양한 사회 환원 활동들이 지역사회에서 어떤 역할을 해왔는지 살펴보았지만, 뉴발란스는 기업의 존재감 하나로도 이미 지역 경제에 많은 공헌을 해왔으며 또 그 공헌은 지금도 현재진행형이다. 제조업이 기반인 뉴발란스가 미국 내 생산을 절대 원칙으로 고수하고 있다는 사실 자체가 일단 그렇다.

　높은 인건비 등에 대한 부담으로 수많은 제조업들이 값싸고 노동력이 풍부한 다른 대륙으로 공장을 앞다투어 옮길 때도, 기업의 생존 자체가 위협을 받아 내부에서조차 미국 내 생산을 줄여야한다는 목소리가 터져 나왔을 때도 뉴발란스는 오히려 자국 생산을 강하게 밀어붙였다.

생산량 25%는 반드시 미국에서

오늘날 뉴발란스의 전체 생산의 25% 정도가 미국에서 만들어진다. 뉴발란스로부터 파생된 일자리가 얼마나 많을지는 익히 짐작하고도 남는 대목이다.

직접적으로는 지역 고용 창출, 직원들의 안정된 생활 보장, 성실한 세금 납부, 사회 후원 활동 등으로 지역 경제를 떠받드는가 하면, 간접적으로는 지역사회로 하여금 글로벌 기업의 근거지라는 프라이드를 지역민들에 심어주는 등 뉴발란스라는 기업 하나로부터 시작된 에너지는 그야말로 엄청나다.

실로 뉴잉글랜드 지역은 뉴발란스 이전과 이후로 나뉜다고 해도 과언이 아니다. 1970년대 수많은 공장들이 문을 닫으며 실업자가 쇄도하던 시기, 뉴발란스 공장들이 하나둘 문을 열면서 모든 상황이 달라졌다. 잿빛의 우울한 도시는 다시 활력을 찾았고 사람들의 삶은 풍성해졌으며, 지역경제는 활성화됐다.

현재 이 뉴잉글랜드에는 매사추세츠와 메인 지역을 중심

으로 뉴발란스의 제조 공장, 유통 사업, 기업 본사, 그리고 소매점이 위치하고 있는데, 이들은 그 자체로 지역경제에 상당한 영향을 미친다. 한 조사에 의하면, 2009년 뉴잉글랜드 지역 6개 주에서 뉴발란스의 임금 지불, 구매, 자본 증가, 그리고 기부 활동을 통해 1억 3,800만 달러의 경제적 파급 효과가 나타난 것으로 집계됐다.

또한 지역민들이 뉴발란스가 지불한 수익을 식료품, 주거, 의복, 여가 활동, 기부 활동 등에 사용함으로써 생기는 경제적인 파급 효과도 높았다. 뉴잉글랜드와 그 주변 지역에 뉴발란스는 약 2.38배의 승수효과(어떤 경제 요인의 변화가 다른 경제 요인의 변화를 가져와 파급 효과를 낳고 최종적으로는 처음 몇 배의 증가 또는 감소로 나타나는 총 효과)를 내고 있으며, 이 다양한 경제 효과를 환산해보면 한 해 총 약 3억 3,000만 달러 정도의 자금이 뉴잉글랜드 지역으로 흘러들어간다고 평가되고 있다.

뉴잉글랜드의 경제 주축, 뉴발란스

또 하나 눈에 띠는 것은 고집스러울 정도로 완고한 뉴발란스의 일자리 창출 및 보존 원칙이다. 이는 지난 50년간 메인 주 신발 공장 제조직 관련 일자리 동향을 살펴보면 확실하게 알 수 있다.

1960년대 후반 메인 주 관련 일자리 개수가 2만 6천 개로 최고점을 찍은 이후, 상당히 빠른 추세로 그 숫자가 감소해 지난 2010년에는 약 1,300개의 일자리만이 남아있는 것으로 파악됐다. 그러나 같은 해 기준, 뉴발란스의 일자리는 1960년대 후반과 비교했을 때 50% 이상이 유지되고 있었다.

상황이 이러니, 조금 과장하면 뉴잉글랜드 지역은 뉴발란스가 먹여 살린다고 해도 과언이 아니다. 현재 뉴발란스는 미국 내에 5개의 운동화 제조 공장을 운영하고 있으며, 뉴잉글랜드 지역에는 총 1,300명의 직원이 근무하고 있다. 또한 그 가족 구성원들 모두가 뉴발란스 혹은 뉴발란스와 관련된 일에 종사하는 경우도 심심치 않게 찾아볼 수 있다. 뉴발란스는 공장 직원의 평균 근속 연수가 다른 기업의 두 배로 월등히 높은 편인데, 심지어 가족 3대가 한 공장에 근무하기도 한다.

매사추세츠 로렌스에 사는 조지 스카파스^{George Skafas}가 그 주인공이다. 그는 "이 길을 걸어가다 만나는 사람들은 다 신발 공장 직원들뿐이었다"며 "이 길을 걸으며 신발이 만들어지는 소리를 들었던 기억이 난다. 오늘날까지 뉴발란스가 국내 제조를 고수하며 우리 직원들과 함께 하고 있는 것에 대해 감사한다"고 말한 바 있다.

스카파스의 가족의 역사는 신발 제조와 함께 깊어졌다. 그의 부모님과 조부모, 고모, 그리고 그의 아들 모두가 다양한 신발 제조 회사에서 근무했던 것이다. 이처럼 4대에 걸쳐 신발 제조업에 종사해온 스카파스의 가족은 그를 포함한 3대가 같은 뉴발란스 공장에서 근속하며 뉴발란스와 역사를 함께 해왔다. 실로 뉴발란스에 대한 스카파스의 자부심은 대단하다. 그는 다음과 같이 말했다.

"우리는 모든 단계의 품질과 직원 직무 향상에 중점을 맞추는데 그 점이 따뜻하고 특별한 회사 분위기를 조성하게 합니다. 그것은 회사의 문화와 가치를 위한 짐 회장과 앤 부회장의 헌신에서부터 오는 것입니다."

지역민의 삶의 질을 높이기 위해

나아가 뉴발란스는 뉴잉글랜드를 더 살기 좋은 곳으로 업그레이드하는 데도 힘을 쏟았다. 2010년 1월, 뉴발란스는 보스턴 찰스강 산책길에 대한 산림자원보호국^{DCR}의 제설 작업에 기금을 지원했다. 조깅과 산책을 즐기는 지역 주민들이 날씨에 제한받지 않고 깨끗하고 안전한 산책로에서 즐겁게 운동할 수 있기를 바라는 마음에서였다.

'뉴발란스 허브웨이'[Hubway]라 불리는 공공 자전거 대여 시스템도 같은 취지로 만든 것이다. 자전거가 에너지를 절약하는 대체 교통수단이 될 뿐 아니라 타는 사람들의 체력 증진에도 도움이 된다고 판단했기 때문이다.

뉴발란스가 보스톤 시와 합작해 지난 2011년 7월 출범한 이 시스템은 현재 도시 전체 61개 스테이션에 600개의 자전거가 갖춰진 규모로 성장했으며, 보스턴 시장 토마스 메니노[Thomas M. Menino]는 보스톤을 전 세계 최고의 자전거 도시로 만들겠다는 취지를 밝힌 바 있다.

이 뉴발란스 허브웨이는 사용자가 도시 내 한 스테이션에서 자전거를 빌려 사용한 후 다른 스테이션에 반납하는 시스템으로서 최신식 3세대 태양광 발전 자동 시스템을 이용해 사용 내역 추적이 가능하다. 인기도 높아서 시스템이 시작된 2011년에만 3천 명 이상의 얼리어답터들이 8만 번 이상 사용하는 성과를 이뤄냈다.

친환경을 넘어
환경을 되살리는 기업

뉴발란스는 지역 사회뿐만 아니라 전 지구적인 환경 개선에도 힘을 쏟는다. 세상을 움직이고 변화시켜 "기존 산업의 관행에서 벗어나자"는 뉴발란스 경영 신조와도 맞닿는 부분이다. 뉴발란스는 '최소한을 지키는 친환경이 아닌, 최대를 추구하는 친환경'이라는 모토를 내세웠는데 사실 그 실행은 말처럼 쉬운 일이 아니었다. 때로는 그 가치를 실천하기 위해 경제적으로 엄청난 투자 혹은 손실을 감수하거나 새로운 시스템을 구축해야 했다.

뉴발란스는 이 모든 것을 기꺼이 감당했다. 환경을 보호하는 모든 행동이 결과적으로는 기업을 지속 가능하게 하는 힘이라는 사실을 잘 알았기 때문이었다.

지속 가능한 환경을 만들기 위해

이는 필립 코틀러가 『마켓 3.0』에서 '환경의 지속가능성을 성취하라'고 조언한 것을 떠올리게 한다. 코틀러는 "사회적 변혁을 만들어내는 또 다른 방법은 우리 시대의 가장 심각한 글로벌 이슈의 해결에 기여하는 것, 즉 '지속 가능한 환경'을 성취하는 것이다"라고 말한 바 있다.

그가 말한 '지속 가능한 환경'이란 환경보호를 위해 기부를 하거나 슬로건을 내세우는 것 이상의 의미다. 그는 "기업의 설립 취지와 목표에 부합하도록 제품이나 서비스를 생산하고 유통하고 판매하는 프로세스 전반에 '환경적 가치'를 접합하는 보다 근본적인 활동"이 지속 가능한 환경의 원천이라고 말한다.

그런 점에서 뉴발란스가 추구한 '지속 가능한 환경'은 지극히 근본적인 곳에 뿌리를 두고 있다. 뉴발란스는 환경에 관해 '덜한 것이 더한 것이다'라는 원칙을 강조한다. 적은 에너지, 적은 폐기물, 덜 해로운 것 등이 더 건강하고 더 생산적이고 더 성공적인 것이라는 의미다.

뉴발란스는 이와 관련해 3가지 실천 지침을 만들었다.

첫째는 에너지를 포함한 원료 사용을 최소화해 자원을

아끼는 것, 둘째는 제품 개발 및 생산 과정 내에서의 폐기물을 제로로 만드는 것, 셋째는 제품의 활용 주기$^{\text{life cycle}}$ 및 활동이 환경에 미치는 영향을 평가해 재활용을 확대하는 것이다.

제품뿐만이 아니다. 뉴발란스는 시설적 측면과 운영, 그리고 공급 업체들과의 관계에 이르기까지 전 과정에서 환경 지속성의 원칙을 고수하고 있다.

린 시스템을 환경 법규로 확장시키다

뉴발란스의 이 같은 환경 지속성은 '린 씽킹$^{\text{Lean Thinking}}$'에서 따온 것이다. 앞서 설명한 린 제조 방식은 그 효율성 면에서도 그렇지만 친환경 면에서도 최적의 시스템이다. 즉 뉴발란스의 환경지속성은 린 제조 방식의 개념을 환경적 법규로까지 확장한 결과물로 볼 수 있다.

뉴발란스의 환경 지속 활동은 그 역사도 깊다. 1980년대 초반에는 제품에 사용되는 가죽 폐기물 감소를 위해 신발 디자인 및 재료 재단에 심혈을 기울였다. 시제품을 먼저 생산해 원자재 사용 시 폐기물 감소의 기회와 방법이 있는지를 꼼꼼하고 살피고, 공급 업체들과 업무 협조를 통해 제품

우리는 에너지로 만들어졌다. 우리는 움직이기 위해 만들어 졌다. 인간의 움직임은 에너지를 만든다. 그래서 우리는 현재 사람 움직임 본연에서 에너지를 얻고, 이를 다시 지구의 부족한 자원을 보호하는 가능성 있는 실험을 하고 있다.

패턴을 최적화하고 재료 낭비를 최소화했다.

최근에는 친환경 재료의 사용이야말로 제품 생산에서 실시할 수 있는 최고의 환경 지속이라는 점에 착안해 운동화 제품과 의류 제품 전체에 친환경 재료로 만든 부품의 사용 비율 목표를 정해 실천하고 있다.

한 예로 신발의 경우, 한 켤레에 적게는 20개, 많게는 90

개의 부품이 사용되는데, 2010년 기분으로 뉴발란스는 신발 상단에 포함된 친환경 재료의 총 비중이 러닝화 35%, 스포츠 및 아웃도어화 29%, 어린이 제품 39%, 라이프스타일 제품 28% 등이었다.

또한 2009년 스타일 시즌 이래 미국 뉴발란스에서 개발되는 신발 스타일 상단에 최소 25%의 친환경 재료를 사용할 것을 분기 목표로 정했으며, 2010년 출고된 제품들 중에 이 목표를 달성한 제품 비율이 65%에 달해 2009년 대비 45%나 상승했다.

더 고무적인 것은 이런 뉴발란스의 방식이 산업 전반으로 영향력을 확대해가고 있다는 점이다. 뉴발란스는 현재 '지속 가능한 의류협회'[SAC] 소속으로서 친환경 재료 사용에 관한 업계 전체의 기준을 함께 수립하고 관련 문제점을 극복해가기 위해 다양한 활동을 펼치고 있다.

뉴발란스의 유해 물질 금지 프로그램

유해 물질의 금지 또한 뉴발란스의 실천 리스트의 한 부분이다. 제화 산업에서는 제품 생산에 중금속, 솔벤트, 프탈레이트 같은 화학물질을 비롯해 특정 염색제 같은 다양한 화학물질들이 사용된다.

이에 뉴발란스는 '화학물질 재검토 위원회'^Chemical Review Board 를 설립했는데, 이 위원회는 제조공장에 잠재적 유해물질들이 입고되기 전 이 물질들을 재검토하는 역할을 담당한다. 이 재검토를 통해 사용 부적합 판정을 받게 될 경우, 해당 물질은 본사의 '금지 물질 부서'^Restricted Substances Team로 이관된다.

이 부서에서는 미국과 글로벌 공장에서 사용되는 금지 물질 리스트를 관리하고 도입하는 '금지 물질 부서'^Restricted Substances Team을 운영하는데, 이는 생산 시설이 있는 지역, 그 시설에서 일하는 노동자, 소비자들의 건강 보호를 위해 고안된 것이다. 이 프로그램은 금지 물질 리스트에 380여 가지 이상의 화학물질을 명시하고 있으며, 직영 및 계약 운영 공장 모두에서 생산되는 제품에 똑같이 적용된다. 또한 이를 지키기 않을 경우에는 거래를 회수하는 등 엄격하고 강력한 조치를 기본으로 한다.

사실 사용 물질을 제한하는 일은 기업 입장에서는 상당히 번거로운 일이다. 일례로 뉴발란스는 친환경 접착제 사용을 확대하면서 동시에 제품의 목표 성능을 달성하기 위해 보다 광범위한 테스트를 진행해야 했고, 때에 따라 디자인을 다시 해야 하는 상황을 겪었지만 성실하게 이를 이행했다.

폐기물을 줄이기 위해 분투하다

나아가 뉴발란스는 폐기물을 최소화하는 프로그램도 오랫동안 운영해왔다. 이 또한 린 제조 경영의 일부로서, 쓰레기 매립지 폐기물 제로라는 장기 목표를 향한 과정 중에 하나로 자리 잡았다.

이 프로그램은 시에서 발생하는 폐기물들을 사용 가능한 재료로 재활용하는 방식으로 이루어진다. 폐기물들을 에너지화 시설로 보내 사용 가능한 에너지를 찾아내는 과정을 거침으로써 극소량의 폐기물만을 배출하는 것이다.

심지어 신제품 디자인 단계에서부터 폐기물 감소를 염두에 두고 하는데, 2012년부터 이 시스템의 벤치마킹을 시도해 전 제품 폐기물을 연간 10% 감소시키는 성과를 거두기도 했다. 이런 노력으로 탄생한 대표적인 제품이 2008년에 생산된 070 모델이다. 070은 패턴 단일화로 폐기물을 최소화하고 친환경 소재와 공정을 거친 제품으로서 70%의 패턴 효율성과 24%의 폐기물 감소를 구현했다. 모델명을 070이라고 정한 것도 70% 패턴 효율성을 기념하기 위한 것이다.

2011년 출시된 미니머스도 최소한의 재료를 사용해 가공 과정에서 에너지와 폐기물을 줄인 제품이며, 같은 해 론칭

상단 연결(서로 맞물림) 디자인 생산 시 재료 발생 하는 폐기물 최소화.
— 안장은 100% 재활용 된 폴리에스테르
— 친환경 재료 75%사용, 주로 재활용된 원단으로 만들고, 합성 재질 사용 축소

섬유 재질 : 25% 이상의 재활용 원단

접착제 : 물 접착제를 운동화 밑창 내 윗창과 중창에 사용

합성섬유 : 기존의 솔벤트(용액)보다 사용을 최소화 하여 제작

구두창 : 왕겨필러 사용으로 석유로 된 고무 재질 사용 감소

한 newSKY SHOE 콜렉션도 축소, 재사용, 재활용이라는 세 기준을 중점으로 디자인됐다.

이 제품은 rPET(펫트병을 재활용한 폴리에스테)를 신발 상단 전체와 신발 끈, 스티칭(박음질), 신발 라벨에 사용함으로써, 남자 사이즈 9.5 신발 하나가 쓰레기 매립장에 버려진 페트병 9병을 재활용하는 결과를 낳았다. 또한 기존 운동화 대비 48% 적은 직물을 사용하고, 운동화 밑바닥과 상단 부분은 물을 원료로 한 접착제를 사용했다.

재활용을 위한 노력들

심지어 본사 자체도 거의 모든 것을 재활용해 사용한다. 그 종류는 판지부터 심지어 철거한 창고의 오래된 살수관에 이르기까지 구석구석 다양하다.

실제로 2010년 뉴발란스의 창고 건물이 철거될 당시 생겨난 2,316톤의 잔해물은 98% 이상이 재사용되거나 재활용되었다. 이 과정에서 무려 5만 5,000달러 이상을 절약할 수 있었던 만큼 경제적 효과도 무시 못할 수준이었다.

본사와 소매점이 힘을 합쳐 진행한 실험적인 신발 의류 '테이크백 프로그램'Take-back program 도 재활용 정책의 하나다. 소

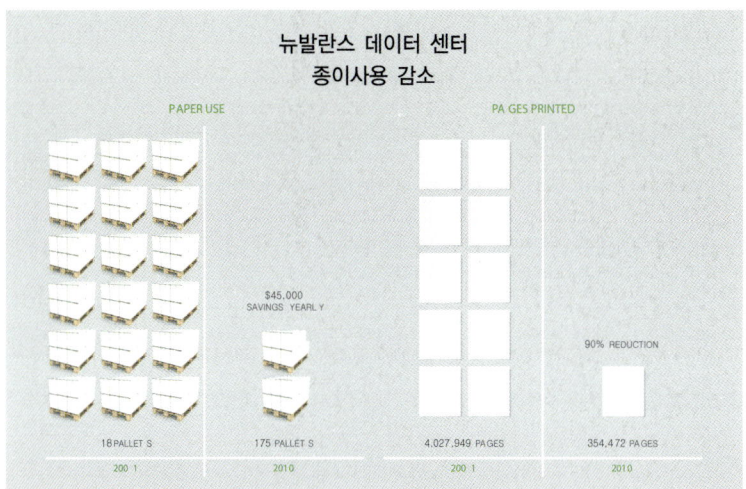

▎종이 사용 : 2001년(18팔렛-화물의 운송, 하역 및 보관에 쓸 수 있는 깔판 단위) 2010년(1.75 팔렛) 연간 45,000달러 절약

▎인쇄된 종이
2001년 4,027,949 페이지
2010년 354,472 페이지(90% 감소)

▎뉴발란스와 함께하는 2011 지구의 날 2011년에 생태 발자국을 줄이기 위해 당신은 어떤 노력을 할 수 있을까요?

▎뉴발란스와 함께하는 2011 지구의 날 뉴발란스의 지구의 주에 동참하세요!

비자가 사용한 신발과 의류를 다시 뉴발란스 소매점으로 가져오면, 이중에 다른 제품에 대체 사용될 부분이 있는지를 평가하고 활용한다. 이 과정에서 재활용되지 않는 신발과 의류는 따로 구분해 현지 지역사회와 다른 나라들에 이르기까지 다양한 단체들에게 전달한다.

환경을 위해서라면 과감하게 투자한다

뉴발란스의 환경 지속에 대한 태도는 가히 공격적이라고 해도 과언이 아니다. 아주 작은 실천까지도 놓치지 않으며, 필요하다면 엄청난 투자도 마다하지 않는다.

한 예로 뉴발란스는 공랭식 냉각기를 공장에 들였다. 제조 과정에서 발생하는 열 때문에 한 겨울에도 에어컨이 필요해지자, 오히려 이 열을 이용해 공기나 물을 차갑게 만든 뒤 그것을 에어컨에 사용하기로 한 것이다. 뉴발란스는 이 장치를 위해 많은 비용을 투자했지만 오히려 4.3년 안에 모든 비용을 회수함으로써 에어컨 비용 절약이 가능해졌다.

환경 문제에 관한 직원 코칭과 개발 프로그램 등 교육적인 측면도 놓치지 않는다. 낭비를 줄이는 일, 불필요한 에너지 사용을 막기 위한 교육 등을 실시한 결과 제조 비용을 절감할 수 있었다.

뉴발란스의 미래 이슈, 환경

뉴발란스의 환경에 대한 책임감은 현재진행형이고 미래까지 지속될 이슈다. 현재 뉴발란스는 2014년에는 화물 운송 선박을 LP가스 또는 에너지 효율이 높은 연료로 대체하겠다는 계획을 밝힌 바 있다. 2015년에는 미국 내 공장에서 사용하는 75%의 전기를 재생 에너지로 대체하겠다는 계획도 수립해놓았다.

무엇이든 실천 없이는 공허한 약속으로 끝날 뿐이다. 하지만 뉴발란스의 이 야심찬 계획들이 공허하게 들리지 않는 것은 지난 세월 속에서 뉴발란스가 보여준 실천 의지가 너무도 강력했기 때문일 것이다.

에필로그

"뉴발란스,
아니 자부심을 신는다"

　어쩌다 보니 1년이 걸렸다. 우여곡절 끝에 책의 원고를 마치고 나니 4월의 봄이 성큼 다가와 있다. 날씨가 풀리니 거리마다 운동화 꽃이 피었다. 굳이 봄이 운동하기 좋은 계절이라서만은 아닐 것이다. 몇 해 전부터 '운도녀'(운동화를 신는 도시 여자) '운도남'(운동화를 신는 도시 남자)이라는 신조어가 유행할 정도로 이제 운동화는 하나의 시대 트렌드가 되었다. 필자 또한 이 책을 쓰면서 다른 사람들의 신발을 유심히 쳐다보게 되었고, 이 시대에는 운동화가 하나의 트렌드라는 사실을 절실히 깨달았다.
　솔직히 필자는 뉴발란스에 대해 큰 호불호가 없었다. 시대를 넘나드는 클래식하고도 세련된 디자인은 좋았지만, 그렇다고 매번 뉴발란스만을 고집하는 마니아도 아니었다. 그랬던 필자가 이 책을 쓰면서 'N'자 로고에 푹 빠져서는 직접 뉴발란스를 사 신고, 가까운 사람들에게도 뉴발란스 신발을 선물하기 시작했다. 모두 제 욕심만 채우는 세상에서 이렇게 바른 생각과 가치를 실천하고 있는 기업이 있다는 사실에 놀랐고, 심지어 뉴발란스 운동화를 신고 있는 이들조차 뭔가가 달라 보이기 시작했다.

혹 오해가 있을까봐 덧붙이자면, 기획부터 집필까지 이 책이 만들어진 과정은 뉴발란스와는 전혀 무관하게 이뤄졌다. 그럼에도 이 책을 쓰면서부터 뉴발란스에게 품질력에 대한 믿음뿐만 아니라 이 신발을 신는 일이야말로 뉴발란스의 세상을 변화시키는 발걸음에 간접적으로 동행하는 일이라는 생각이 들었다.

재미있는 것은 이 변화가 비단 필자에게만 일어난 일이 아니라는 사실이다. 집필에 필요한 영문 자료 번역에 도움을 준 후배가 있다. 그가 캐나다에서 전해온 소식은 이랬다.

"선배, 이 작업을 하면서 저도 제 운동화와 남편 운동화를 뉴발란스로 바꿨어요. 자료 번역하다보니 어쩐지 이걸 꼭 신어야 할 것 같더라고요. 그렇게 좋은 기업인 줄 몰랐거든요." 뒤이어 후배는 운동화 하나에도 그렇게 많은 첨단 과학이 동원되고 재료 선택도 까다로운지 전혀 몰랐으며, 뉴발란스가 그토록 좋은 일을 많이 하는 기업인 줄도 몰랐다고 덧붙였다. 이 이야기를 듣자 '팔지 말고 사게 하라'는 어떤 마케팅 기법처럼 기업이 나서서 구매를 외치지 않아도 소비자들이 알아서 제품을 사는 것이야말로 가장 훌륭한 마케팅이라는 생각이 들었다.

물론 우리 국내 기업들 중에도 좋은 제품력과 더불어 사회적 책임을 지켜나가는 기업들이 많다. 그럼에도 뉴발란스가 다르게 느껴지는 하나의 이유를 찾자면 바로 '오랜 진심'일 것이다. 뉴발란스는 굳이 '이게 우리의 진심'이라고 말하지 않아도 소비자들이 알 수 있도록 그 시작부터 지금까지 지독할 만큼 일관된 가치를 실천해왔다.

얼마 전, 취재차 만난 국내의 한 원목 가구 기업의 대표가 이런 말을 했다. "소비자들이 우리 제품을 쓰면서 제품 자체의 품질에 대한 만족은 물론이고 브랜드 소비자로서 자부심을 느끼게 하는 것, 그게 우리의 목표입니다."

뉴발란스가 다른 기업들과 다른 또 한 가지도 바로 그 자부심일 것이다. 직원들이 자신의 기업에 대해 갖는 자부심, 기업이 자신의 제품에 대해 갖는 자부심, 각 부문의 파트너들이 서로에게 갖는 자부심, 그리고 세상을 변화시키는 이 기업의 제품을 구매하는 소비자들이 가지는 자부심, 이 모든 자부심이 더해져 지금의 뉴발란스를 만들었다.

'소비자들로 하여금 자부심을 느끼도록 하고 있는가?' 이제 우리 기업들도 이 시점에 이 질문을 스스로에게 던져봐야 할 때가 아닐까 싶다.